KB267048

청년기의 정체성 혼란과

우울, 불안, 강박과의 관계

청년기의 정체성 혼란과

우울, 불안, 강박과의 관계

상권

한국학술정보㈜

목 차

3장   청년기의 불안 / 65

4장   한국과 일본의 대학생의 대인불안 비교 / 87

5장 청년기의 우울 / 119

6
장 청년기의 우울과 정체성 혼란 / 153

제 1 장 서 론

1. 서　론

1) 본 논문의 목적

　건강한 정신 발달과 관계가 있는 정체성혼란이 정신병리의 원인이 된다는 것은 많은 연구자(Erikson, 1959; 谷, 1997)들에 의해서 지적되어 왔다. 그러나, 선행 연구에서는 여러 가지 요인과 정신적 부적응과의 관련의 연구가 주된 것이며, 정체성혼란과 관련된 실증적 연구는 별로 이루어지지 않았다. 본 논문의 목적은, '자아가 불안정한 청년기에, 정체성확립이라는 갈등에 직면하게 되면, 개인이 가지는 대처 행동으로 발달 과제를 해결 할 수 없을 때 부적응 현상이 나타난다(長尾, 2002)'라는 이론에 근거해서, 청년기의 심리적 특징이라고 할 수 있는 정체성혼란이 불안, 우울, 강박의 공통요인이 되는지를 검증하는 것에 있다. 방법으로서 한국과 일본의 고교생·대학생 1402(남성 722, 여성 680) 명을 대상으로 3차례의 질문지 조사를 실시했다.

2) 본 논문의 구성

　본 논문은, 상권과 하권 나누어져 전부 9장으로 구성되어 있다. 상권은 1장의 서론에서부터 6장 까지, 하권은 7장에서부터 9장의 총괄적 토론까지로 구성 되어 있다. 상권 1장에서는 본 논문의 목적, 이론적 어프로치 및 선행 연구에서 본 논문이 차지하는 위치를 기술했다. 상권 제2장에서는, 청년기의 부적응이, 유아기에 있어서의 부정적 관계가 그 후의 대인관계에 부정적인 영향을 주는 것에 의해서 발생하는지 아닌지를, 정체성과 관련 지어 고찰했다. 상권 제3장에서는, 청년기의 불안장애의 진단, 불안을 지속시키는 원인 및, 불안에 대한 심리요법에 대해 고찰했다. 상권 제4장에서는, 대인불안이 일본문화를 반영한 일본인의 특징이라는 의견에 의문을 제기하고, 같은 동양 문화권에 속하는 한국의 대학생 272명과 일본의 대학생 250명을 대상으로 비교 문화 연구를 실시했다. 제1차 질문지 조사의 결과, 대인불안은, 일본인의 특징이라고 하기보다는, 한국과 일본에 공통되는 심리 구조라는 것이 시사되었다. 대인불안은 상호의존적 문화의 특징이라고 할 수 있는 상호의존적 자기에게 원인이 있다고 하기 보다는, 정체성과 공적 자의식에 강한 영향을 받고 있었다. 상권 제5장에서는, 우울 발생에 대한 이론의 개관과, 우울의 질문지 평가 척도에 대해서 고찰했다. 상권 제6장에서는, 청년기의 정체성혼란에 의해 부정적인지가 강해져, 우울이 발생한다고 가정하고, 543명의 한국의 남녀 고교생을 대상으로 제2차 질문지 조사를 실시했다. 결과, 정체성혼란이 부정적 자기인지와 긍정적 자기인지에 영향을 주고, 최종적으로 부정적자기인지에 의해 우울이 발생하는 결과를 얻을 수 있었다. 즉, 정체성혼란이 우울의 취약요인이라는 것을 알 수 있었다.

하권 제7장에서는, 강박 발생의 메커니즘에 관한 개관 및, 강박의 척도, 심리요법에 대해서 고찰했다. 하권 제8장에서는, 청년기의 정신적 부적응의 원인으로서 정체성혼란과 부모의 양육 태도를 제시하고, 일본의 남자 대학생 187명, 여자대학생 150명, 합계 337명을 대상으로 제3차 질문지 조사를 실시했다. 결과, 정체성혼란은 우울, 불안, 강박에 영향을 주는 요인이며, 부모의 양육 태도는 청년기의 정체성혼란을 매개로 해서 불안·우울·강박에 영향을 주는 간접 요인이라는 것을 알 수 있었다. 하권 9장에서는, 1장에서 8장까지의 이론을 종합해서 총괄적으로 요약 기술 했다.

2. 본 논문의 이론적 어프로치

1) 청년기의 자기에 관한 이론 및, 자기 체험의 특징

(1) 청년기 불안정한 자의식

청년기의 자기가 재구성되는 배경으로 2개의 측면을 생각할 수 있다. 제1은 신체의 성숙이나 인지 능력의 발달 등이며, 제2는 청년과 주위의 다른 사람과의 관계에 관한 측면이다. 자기개념이나 자기평가의 형성에는, 다른 사람에 대한 동일시·다른 사람의 시점을 도입한 다른 사람과의 사회적 비교 및 다른 사람과의 사회적 상호작용을 필요로 한다. 청년기의 자기개념 형성에 있어서 주요한 대인관계는 부모와 자식 관계에서 친구 관계로 변화한다. 이러한 이행기에 있는 청년의 자기개념은 불안정하고, 청년의 행동 또한 불안정하게 되기 쉽다. 자기개념이 불안정한 것을 단적으로 나타내는 사례는 다른 사람에 대한 관심의 증대, 자기 비판적 경향 등을 들 수 있다.

자기 비판적 경향이 강하다는 것은 자기자신을 수용할 수 없는 불안정한 상태라고 생각할 수 있다. 청년기의 자기 형성에 있어서, 자아정체성확립의 갈등에 직면해서 자아가 약한 청년이, 개인이 가지는 대처 행동으로 발달 과제를 해결 할 수 없는 경우에 부적응이 나타난다(長尾, 2002).

(2) 청년기 자기의 여러 가지 모습

가. 독립과 반항

청년기의 자의식은, 기본적으로 부모에게 통제된 자기의 본연의 자세에서 보다 주체적으로 독립을 지향하는 자기의 본연의 자세로 변화한다. 청년은 독립을 희망하지만, 독립을 하는 것에 대한 자신감이 부족해서, 부모님에게 의존하지 않을 수 없다는 것, 자식의 성장을 바라지만 언제까지나 자식을 자신의 영향 아래에 두고 싶어하는 소망이 부모에게 있는 것은, 청년과 부모 사이에 있어서 독립과 의존의 갈등을 낳아, 그것이 정서적인 반항 현상을 불러일으킨다고 생각할 수 있다.

나. 고독과 자폐적 경향

청년기는 다른 사람과의 교류를 요구하면서도, 마음을 닫고 고독을 즐기는 청년들이 많다. 왜냐하면, 자기개념이 확산·심화 되어감에 따라 자기자신에 대한 깊은 명상과, 세상에서 무엇보다 소중한 자기 자신을 다른 사람의 압박이나 간섭으로부터 지키려고 하는 경

향이 나타나기 때문이다. 일기를 쓰는 사람이 청년기에 급증하는 것
도, 고독감을 해소하기 위한 하나의 이유로 들 수 있다.

다. 열등감

청년기는 다른 사람의 눈을 의식해서, 자기 비판적으로 되기 쉽고,
자타를 서로 비교하는 경향이 크다. 이러한 청년기 자기개념의 불안
정함을 나타내는 모든 특징이, 청년의 열등감의 요인이라 할 수 있
다. 자존심이 낮은 청년의 특징은 다른 사람들의 평가를 과도하게
두려워하는 것에 있다(遠藤, 1981)

라. 자기 현시

자신의 유능함을 사람의 앞에서 나타내 보이고 싶어하고 타인과는
다른 것으로 눈에 띄고 싶어하는 자기 현시 경향도, 청년기에 잘 볼
수 있는 현상이다. 청년기에 보여지는 자기 개시는, 다른 사람들로부
터 높은 평가나 승인을 얻는 것으로, 불안정하고 자신감 결여의 자
기개념을 안정시키려고 하는 보상적인 시도이다.

(3) 청년기의 자기 체험의 특징

가. 외계 인지와 자기 인지의 불확실함

청년기의 정신 장애에는, 표면적으로는 다양한 형태를 나타내고
있지만, 자기 체험에서 보면, 몇 개의 공통된 특징을 볼 수 있다. 종
래부터, 이상 행동의 기초로서 갈등·정서불안·욕구불만이라고 하

는 정서론·의식론적 관점이 중시되었다. 그러나, 최근에는, 이러한 것들과 함께 인지론적 관점이 중시되고 있다(丹野·町山, 1985). DSM-3(1987)에 의하면, 정신병은 '현실에 대한 검토력이 현저하게 저하된 상태'라고 지적되고 있다. 즉, 정신병의 본질은 인지의 장애로 규정된다. 지금까지 감정의 병으로 여겨진 조우울증 조차, 그 본질은 인지장애에 있다고 하는 설이 나왔다. 청년기의 정신 장애에 있어서도, 외계의 인지의 불확실함이나 편향이 공통되고 있다. 비행 청년은, 자신의 비행 행위에 대한 벌을 확실히 인지하지 못하고 있고, 도덕의 인지 발달의 수준도 낮다. 외계의 인지와 병행해서 자기에 대한 인지도 저하 되어있다(高田·丹野·渡辺, 2001).

나. 공적 자기상의 비대와 사적 자기상의 빈곤함

'다른 사람에게 보이는 자기'를 고집해, 다른 사람의 눈에 비치는 허구의 자기상을 연기하려고 하는 태도가 공통적으로 나타난다. 사적 자기와 공적 자기는 상보적 기능한다. 사적 자기의 빈곤함을 보충하기 위해서, 공적 자기상에 의지하려고 한다. 그 때문에 왜곡된 행위가 생긴다. 공적 자기상에 사적 자기상이 침해되는 체험이 정신분열병의 자아 장애이다(高田·丹野·渡辺, 2001).

다. 자기중심성과 비공감성

공적자기상에 의지해 자기를 현시하는 청년은, 다른 사람을 민감하게 의식하고 있지만, 다른 사람의 기분을 정확하게 객관적으로 이해하고 있는 것은 아니다. 공적자기 인지와 다른 사람 이해의 과정은, 다른 사람의 시점을 의식하는 점에서는 공통되지만, 그 구조는 완전히 다르다. 다른 사람 이해에는, 상대의 입장으로 시점을 이동하는 능력의 발달이 필요하다. 자기중심적인 시점에서 벗어나는 것, 즉 탈중심화의 능력의 발달이 필요하다(高田·丹野·渡辺, 2001). 탈중심화가 불충분한 단계에서는, 상대의 입장이 있다는 것을 이해할 수 없다. 그리고, 다른 사람 이해에는, 감정이입의 능력의 발달도 불가결하다. 森田·淸水 (1986)에 의하면, 현대의 어린이들은 , 상대의 고통을 모르기 때문에 괴롭히는 것은 아니다. 오히려 반대로 상대의 고통을 알기 때문에, 상대가 괴로워하는 것을 보고 재미있어 하는 것이라고 한다. 즉, 다른 사람에게 감정이입 하는 능력은 발달해도, 거기에 따라 상대와 같은 기분이 된다고 하는 공감 능력이 동시에 발달하지 않으면, '괴롭힘'과 같은 왜곡된 행동이 나타난다.

라. 자기 평가의 극단적 치우침

청년기의 정신 장애자는, 대체로 자기 평가가 낮고, 자신을 부정적으로 파악하는 경우가 많다(高田·丹野·渡辺, 2001). 우울, 신경증의 자기 불확실한 성격, 비행, 약물 남용, 교내폭력, 집단 괴롭힘 등에서 자기 부정성이 지적된다. 자기 과대 평가의 극단적인 예는 조우울증의 조상태에서 찾아볼 수 있다. 그러나 자기 과대 평가는 불안정하고, 항상 자기를 과소평가하는 위기를 내포하고 있다.

마. 부모로부터 자아 독립과 좌절

사춘기의 어린이는, 어머니의 자아 영역에서 벗어나, 자신의 자아

경계를 만들려고 한다. 이러한 부모로부터의 자아 독립의 과정에서 문제가 생기는 것도 많다. 어머니의 양육 태도에 문제가 있으면, 어린이의 자아 독립을 방해하므로, 아이는 극단적으로 내폐나 폭력의 형태를 취하는 것으로 자아 독립을 달성하려고 한다. 정신 분열병의 자아 장애도, 그 원인은 어머니로부터의 자아 분리 과정에서의 좌절에 있다(木村, 1978).

2) 청년기의 부정적 정체성과 부적응과의 관계

(1) 자아 · 자기 · 정체성의 개념

가. 자기(self)

자기 혹은 자아의 심리학 연구의 선구자는 James(1891)이다. James는, "내가 무언가 생각할 때는, 언제라도 그것과 동시에, 나 자신을, 나의 개인적 존재를 많든 적든 의식하고 있다."고 지적한다. 따라서 나의 전체적 자기는, 일부는 피지자이며, 일부는 지자이며, 일부는 객체이며, 일부는 주체이다. 이것을 간단하게 표현하면, 객아(me)와 주아(I)라고 부른다(梶田, 1980).

James는, 이것들을 2개의 개념으로 분류했다. 내가 나를 의식할 때, 대상으로 의식된 자기 자신이 객아이다. 자기 자신을 대상시하고 자신에 대해서 가지는 의식 내용의 총체를, 자기개념이라고 부른다. 자기는 하나의 구성 개념이며, 실제로 이것을 파악할 때는, '나는 여자이다'라고 하는 자기상, 자기개념 등, 자기에 대한 표현에서 나온다. 이와 같이 객체로서 볼 수 있는 경우가 '자기'라고 생각할 수 있다. 이러한 객아 혹은 자기개념은, 인간의식에 관련되는 생각이지만 우리가 자기 자신을 어떻게 받아들이고 있느냐 하는 것은, 인간의 행동이나 적응의 면에 있어서도, 그 기능을 무시할 수 없다. Rogers (1959)는, 자기개념과 경험이 불일치했을 경우에 심리적 부적응에 빠진다고 지적한다. 정신적으로 건강하면 할수록, 그 차이는 작아진다는 것이 Rogers의 가설이다. 즉 '충분히 기능하고 있는 인간'은 경험을 있는 그대로 수용할 수 있다. 그러나 인간은 자신의 모든 경험을 모두 있는 그대로 받아들이는 것은 대단히 어려운 기술이다. 많든 적든 우리는 경험을 왜곡되게 인지하고 있다. 이상을 추구해서 자기부정을 실시하거나 반항하거나 하는 청년들은 이러한 경향이 한층 더 커진다(Table 1.1).

나. 자아(ego)

Erikson(1959)은, 복수의 '자아상을 점차 한 개의 정체성으로 통합해 가는 것이, 자아의 내적인 기능'이라고 했다. '자아'는 '주체'라고 하는 성격을 가지는 것으로서 정의된다(梶田, 1980). 따라서 자기상의 내용이 아니고, 그것들을 조직하는 기능, 혹은 그것을 받는 중추기관이라고 할 수 있다. 자아는, 주아(I)와 객아(me)로 나누어 생각할 수 있다. 주아는, 개인의 특징을 만들어 내는 주체적인 행동을 할 수 있는 행동상의 기능을 담당한다. 객아는, 내가 나를 의식할 때, 대상으로 의식된 자기 자신이 객아이다. 주아와 객아의 발달은, 서로 밀접한 관련이 있다. 그리고 유아기는 떡잎이 싹트는 시기라고 자리 매김되는 데 비해서, 청년기는 질적 변화·재구성의 시기로서 자리 매김된다고 할 수 있다(Table 1.1).

다. 정체성(identity)

정체성과 동일화는 같은 어원이다. 동일화는, 아이가 영향을 받고 있는 사람과 같이 되고 싶다고 하는, 그 사람이 가지는 특징을 몸에 익히려고 하는 심리기제이다. 그 대상이 되는 인물은 시기에 따라 바뀌게 되고, 결과적으로는 복수가 되는 것이다. 한편, '정체성'은, 사회에 대해서 '자신은 이런 인간이다'라고 자신을 나타내 가야 할 시기에 직면해서 여러 개의 동일화가 내적으로 정리되어 하나로 통합되어 형성된 것이다. 이것은, 지금까지의 동일화 군의 단순한 모임이 아니고, 그것들을 포괄한 한층 더 독자적으로 정리한 체적으로 통합된 것이다. 이러한 완성된 정리의 핵심이 '자기 정체성'이다.

Table 1.1 자아 / 자기의 개념

주체적·자성적인 인간의 본연의 자세에 관한 총칭적 기술	자아 자기 자의식	
James에 의한 2 분류	(주체) 자아 주아 보는 자기 순수 나 실존적 자기	(객아) 자기 객아 보여지는 자아 경험 나 범주적 자기

(2) 청년기의 정체성

Marcia(1964)는, 정체성 확립을 위한 심리·사회적 기준으로서 직업과 가치관의 영역에 있어서의, 위기(crisis)와 심취(commitment: 적극적 관여, 자기 몰입)를 들고 있다. 위기는, 자신에게 있어서 의미 있는 몇 개의 선택사항을 놓고서 망설이며, 갈등을 경험하면서 결정하려고 하는 시기를 가리킨다. 심취는, 자기 자신의 신념을 명확하게 표현하거나 거기에 기초를 두고 행동하는 등, 자신에게 있어서 의미 있는 영역에 적극적으로 관여하는 것이다. 이 위기와 심취의 정도에 따라서 정체성 지위가 유형화된다(Table1. 2).

가. 정체성 확립형

정체성 확립의 지위에 있는 사람은, 자아정체성의 수준이나 스트레스에 견딜 수 있는 힘은 강하고, 자신 힘에 맞지 않은 부적절하게 높은 목표를 추구하는 경향은 적고, 작은 성공이나 실패 경험에도 자존 감정은 안정되어 있고 불안 경향이나 권위주의 경향은 가장 약하다. 그들은 자율성이 높고, 자아 발달 단계가 높고, 집단 압력에의 동조성이 낮은 경향이 있다. 직면한 위기에 진지하게 임하고, 어느 일정한 직업이나 가치관을 주체적으로 선택해서 적극적으로 거기에 심취해서 위기를 넘어선 체험을 거치고 있기 때문에, 정체성 확립의 위치에 있는 사람은, 이와 같이, 사회 속에서 자신의 위치를 명확하게 파악하고 있고, 자기 자신의 결정에 따라서 행동하고, 심리적으로 안정되어 있다(Marcia, 1967).

나. 모라토리엄(moratorium)형

모라토리엄(moratorium)형은 불안 경향은 높지만, 권위주의의 약함은 현저하다. 심취의 대상을 주체적으로 발견하려고 하고 현재 위기를 체험하고 있는 중이다. 앞으로 자기 자신이 나아갈 방향에 대해서는 아직 확신이 없지만, 그 밖에는 의존하지 않고 자신의 판단으로 결정하려고 하는 자세가 단적으로 나타난다. 목표 추구의 본연의 자세나 스트레스를 참는 능력에 문제가 없고, 자존 감정은 안정되고 있어 정체성의 수준은 높다. 정체성 확립을 향해서 적극적으로 노력하고 있는 것을 시사하고 있다.

모라토리엄(moratorium)이라고 하는 것은, ① 아직 어떠한 직업적 역할도 획득하지 않고, ② 모든 사회적 관련을 잠정적·일시적인 것으로 간주하고 있는, ③ 진정한 자신은 지금부터 앞의 미래에 실현될 것이며, 현재의 자신은 허상의 것에 지나지 않는다는 생각, ④ 모든 가치관·사상으로부터 자유롭고, 어떠한 자기 선택도 연기, ⑤ 모든 사회적 사건에 당사자 의식을 가지지 않고, 고객 의식밖에 가지려고 하지 않는, 특징을 가지고 있다. 모라토리엄 인간은, 사회적 책임이 유예된 가운데 다양한 시도를 반복하는 심리 사회적 모라토리엄 (moratorium) 상황에 있는 것으로, 기존 사회에 심취하려고 하지 않고 변신의 가능성을 보류하고 있는 상태를 의미하는 것으로, 모라토리엄 (moratorium)의 의미 내용이 완전히 변질해 있다(小此木, 1978).

다. 조기 완료형

조기 완료자는, 뚜렷한 심취의 대상을 가지고 있으므로, 정체성 확립자로 혼동하기 쉽다. 그러나 확고한 자세는, 스스로 고민하지 않고 얻을 수 있었던 것이며, 기성의 가치관이 통용되지 않는 상황에서는 혼란에 빠질 것이 예상된다. 스트레스에 견디는 힘의 약함, 현실적이지 않은 목표 설정, 자존 감정의 불안정함, 권위주의 힘이 동반하는 융통 없음 등의 경향이 그 가능성을 시사하고 있다. 불안이 낮다는 것은 그러한 약함이 가져오는 잠재적인 불안을 억압하고 있는 결과이다(中西, 1985).

村瀬(1981)는, 정체성 확립형에는 인간의 존엄, 인간애나 신앙의 존중과 같은 휴머니스틱 가치, 혹은 직업을 통한 자기 실현을 중시하는 사람이 대부분이고, 이것에 비해 모라토리엄(moratorium)형의 특징은, 가치관 그 자체의 추구에 관심이 집중하고 있다고 지적하고 있다. 또 조기 완료형의 사람의 주요한 관심사는, 사물을 깊게 생각

하거나 이상이나 가치를 추구하는 것보다도, 현실적·세상욕구적이
며 넓고 얕은 교우 관계를 소중히 생각하는 사람이 많다고 지적하고
있다.

라. 정체성 혼란

위기의 체험과는 관계없이, 현재 심취의 대상을 가지고 있지 않은
사람이 이 형태에 속한다. 전체적인 정체성의 수준은 가장 낮다. 또
목표 설정의 방법이나 불안 경향에는 이렇다 할 문제는 없지만, 스
트레스에 약하고 목표도 대체로 불안정하다. 권위주의적 경향은 약
해서 기성의 권위를 중시하고 있지 않지만, 자기 자신의 주체적인
의지에 의해서 살아가려는 자세는 보이지 않고, 우연한 것에 자신을
맡기고 있는 것처럼 보인다. 無藤(1979)은, 정체성 혼란을 몇 개의
하위 유형으로 분류한다. ① 위기 전 혼란(심취하는지 아닌지가 문
제가 되지 않는 듯한 사고 상태에 있으므로, 심취하고 있지 않는 형
태) ② 위기 후의 혼란(무력감, 운명론 등에서, 심취하지 않는 형태)
③ 프로테우스형 혼란(자신의 가능성을 최대한 보류해 두기 위해서,
심취하지 않는 것에 심취한 형태) ④ 유사 정체성 혼란(심취하지 않
는 것에 대한 이론을 갖고, 심취하는 것을 거부하고 있는 형태)으로
분류한다. 이상을 염두에 둔 다음, Erikson(1959)의 '정체성 혼란의
임상상'을 馬場(1976)은 다음과 같이 분류하고 있다.

① 대인적 거리의 실조-친밀함의 문제
정체성이 미확립되면, 청년은 다른 사람과 친한 관계가 형성되는

상태에서 긴장을 경험한다: 다른 사람과의 친한 관계를 기반으로, 자신의 신념이나 사물에 대한 사고 방식이 시작된다고 하는 정체성 감각이 몸에 익숙해 있는 것이 필요하다. 그렇지 않으면, 다른 사람의 생각에 휘말려 버리게 되어 버린다. 게다가 누군가와 친밀한 관계를 유지하기 위해서는 다른 사람과 관계를 거부하거나 적당한 거리를 유지하는 것도 필요하게 된다. 이것은 자아의 힘을 꽤 필요로 하는 것이다. 확고한 정체성을 몸에 익히지 않은 채 다음의 단계에 들어가 버리거나 하는 경우에, 그러한 상황은 위협적인 것이 되는 것이다. 그 결과, 청년은 그러한 관계를 회피하고 고립하게 된다.

② 과잉 정체성과 자의식 과잉

아직 정체성이 확립되지 못한 청년은 동일시를 할 수 있는 상대를 강렬하게 요구하는 상태에 있다. 그것은 자신의 미성숙에 진지하게 직면하기 위한 첫걸음처럼 보인다. 그 때문에, 대상으로 선택된 것은, 자신이 가야 할 방향을, 자신을 가지고 지시해 주는 손윗사람인 것이 많다. 그 산하에 있는 한 안전하고 기분 좋다. 그러나 그 소원이 너무 강렬해서 비현실적인 것도 많다. 다른 사람과의 융합하고 있다고 보이던 관계가 마지막을 고하게 되면, 반동적으로 반성이나 자기 음미 상태에 빠지게 된다. 이때 상태를 Erikson(1959)는 다음과 같이 말하고 있다. 고통으로 가득찬 고립이 높아져, 자신이 과거부터 쭉 계속되고 있다고 하는 연속성이나, 과거와 현재의 자신은 일관된 자신이라고 하는 동일한 감각이 없어져 버려, 어떤 생활 속에서도 성취감을 느낄 수 없게 되어 버린다. 인생은 자신의 의지에 의해서 살 수 있는 것이 아니라, 오히려 우발적으로 진행되어 가는 것이라고 하는 감정에 지배되어 시간적 전망을 가지지 못하고 찰나적이 된다. 그리고 다름아닌 자신이 심리·사회적으로 존재하고 있다는 것에 대해서 자신감을 가지지 못하고, 혹은 그것을 스스로 확인하는 노력을 방폐하고, 다른 사람이 그것을 인정해 주지 않으면 안 되게 된다. 즉 무책임하게 되어, 자신의 생에 책임을 지려고 하지 않고 극단적인 경우에는, 반사회적·비사회적 행동을 취한다.

③ 시간적 전망의 확산

이 상태의 청년은, 일상생활을 보내는 데 당연한 것으로 '시간'에 대한 의식이 상실되어 버리거나 극단적인 경우에는 자신의 신변이나 사회에 대단한 위험이 박두하고 있다고 하는 생각에 지배되거나 한다. Erikson(1959)는, '시간적 전망의 확산'은, 인생의 제일 단계 과제인 '기본적 신뢰'에 대한 획득의 불충분함에서 유래하고 있다고 생각한다. 소망의 충족이 일시 연기된다고 해도, 언젠가는 결국은 얻을 수 있다고 생각하고 '기다리는 것'이 가치 있는 일이라는 것을 배운다. 반대로 기다리고 있어도 좀처럼 소망이 이루어지지 않은 상태가 계속될 때, 시간의 경과가 좋은 변화를 가져온다고 하는 것을 믿을 수 없게 되어 버리는 것이다. 이것이 청년기까지 계속되면 형태를 바꾸어, 시간적 전망의 확산이 되어 버린다.

④ 근면성의 확산

근면성을 통해서 개인은 여러 가지 욕구와 사회가 개인에게 요구하는 것을 알게 된다. 그리고 그 안에서 개인은 서서히 구체적인 노동의 정체성을 몸에 익히기 시작하고 심리·사회적인 존재가 되어 사회에 참가해 가는 것이다. 그러나 그것을 완수하지 못한 청년의 경우는, 사회에 나갈 때가 가까워짐에 따라, 자신이 이 사회 속에서 정말로 해야 할 일이 없는, 할 수 있는 일이 없다고 느껴 하나에 집중할 수 없게 된다. 그것뿐만 아니라, 무엇인가를 선택하지도 못하고, 멍하니 공상을 하며 시간을 보내거나, 본래 해야 할 일 이외에 것에 매달려 시간을 보내거나 무의미한 경쟁에 에너지를 소비하거나 한다. 그 결과, 자신의 전문 영역은 전혀 진보를 나타내 보이지 못하게 된다.

⑤ 부정적 정체성의 선택

자신이 속해 있는 사회가 바람직한 가치로 인정하고 있는 것을 경멸하고, 미워한다. 때로는 그 가족이나 학교, 직장 그리고 사회 전체까지도 혐오하고, 자신이 속하지 않은 사회를 과대하게 평가하거나 한다. 더 바람직하지 않은 청년은, 위험한 것에 기반을 둔 정체성을 갈망한다. 그러나 이러한 현상의 표면에 보이는 네거티브 기능의 뒤에는 새로운 정체성의 감각을 강렬하게 요구하려 하고 있는 모습이 숨겨져 있다. 즉 청년의 문제 행동 그 뒤에 있는, 정체성을 찾아 헤매는 절망적이라고도 할 수 있는 노력이다.

⑥ 선택의 회피·마비

Erikson(1959)에 의하면, 선택의 회피·마비는 청년이 '육체적인 친밀함'이나 '결정적인 직업 선택'이나 '어려운 생존 경쟁', '심리·사회적인 자기 정의' 등, 동시에 몸에 익히지 않으면 안 되는 사태에 자신이 놓여 있는 것을 의식할 경우에 표면화된다. 정체성이 미

확립된 청년의 경우에는, 무엇인가를 선택하는 것은, 인생에 있어서 선택의 폭이 좁아지는 것이라고 생각한다. 그 결과, 그 청년은 결정을 하지 못하고, 그것을 회피하려고 하거나 선택하지 않는 채 일종의 마비 상태에 빠진다. 그러나 그것들은 스스로를 언제까지나 선택자인 채로 있게 하려고 하는 노력의 결과이다. 즉 정체성을 확립하기 위한 마지막 찬스로서 파악할 수 있다(Table 1.2).

Table 1.2 정체성 지위

정체성 지위	위기	심취	개 략
정체성 확립	경험했다	하고 있다	유아기부터의 본연의 자세에 대한 확신이 없어져서, 몇 개의 가능성에 대하여 심사 숙고한 끝에 스스로 해결책을 찾아내어서 그것에 기초를 두고 행동하고 있다.
모라토리엄 (moratorium)	한중간	하려고 하고 있다	몇 개의 선택사항을 놓고서 결정하려고 헤매고 있는 중이고 그 애매함을 극복하려고 열심히 노력하고 있다.
조기 완료	경 험 하 고 있지 않다	하고 있다	자신의 목표와 부모의 목표의 사이에 부조화가 없다. 어떤 체험도, 유아기 이래의 신념을 보강하는 것이 될 뿐이고 딱딱함, 융통성 없음이 특징이다.
정체성 혼란	경 험 하 고 있지 않다	하고 있지 않다	위기전(pre-crisis): 지금까지 진정한 자신이 누군지에 대한 경험이 없기 때문에, 자신을 상상하는 것이 불가능.
	경험했다	하고 있지 않다	위기 후(post-crisis): 무력감, 대관, 운명론 등에서, 심취하는 것은 무의미한 것이라고 생각하고 있다.
	경 험 하 고 있지 않는, 또는 경험 했다	심 취 하 지 않는 것에 심 취 하 고 있다	프로테우스적 혼란: 모든 일을 가능한 상태로 그대로 두지 않으면 안 된다. 유사 혼란: 심취하고 있지 않는 것에 시종 일관된 이론 기반을 갖고 있고, 냉소적이며 심취하는 것을 거부하고 있다.

(無籐, 1979)

3) 청년기의 정신적 병리의 분류

(1) 증후군, 신경증, 정신 장애

가. 증후군(depressives syndrome)

증후군은, 증상의 집합이며, 예를 들면 우울의 경우에는 '우울 기분'과 함께 생기기 쉬운 흥미 상실, 쉽게 피곤함, 자신 상실, 자책감, 정신 운동성 제지, 초조, 식욕·체중의 변화, 절망감, 심기적 우려, 성욕의 감퇴, 수면의 변화 등, 증상의 모임이다(Compas & Grant, 1993, Compas & Oppedisano, 2000).

나. 신경증에 유형 분류

신경증이란, '심인성에 일어나는 심신의 기능 장애'라고 정의되지만, 현재는 신경증이라는 말을 별로 사용하지 않고 있다. '기능 장애'란, 신체의 형태가 바뀌어 버리는 형태적 변화가 있는 기질 장애가 아니고, 원래대로 돌아갈 수 있는 병의 용태라고 하는 의미이다. 신경증은, 왠지 모르게 마음의 상태가 매끄럽게 움직이지 않는 상태이다. '정신병'도 아닌, 가벼운 마음의 장애이지만, 고민이 좀처럼 마음 속에서부터 사라지지 않는다고 하는 상태이다(Birmaher, Ryan, Williamson, Brent, Kaufman & Dahl, 1996, Meyer, Chrouson & Gold, 2001). 1980년대에, 미국에서 정신 질환의 조작적 진단 기준으로서 DSM−3(1987)가 등 장애, 정신 분석의 출현 이래 하나의 카테

고리로서 논해지고 있던 히스테리와 신경증이 따로 분류되어 신경증은 '불안 장애'로 정리되었다. 현재의 국제 질병 분류(ICD-10, 1989)에도 이것은 반영되고 있다.

신경증의 심각 정도는, 심리적인 것이 원인이 되어 일어나는 몸의 병의 심신증보다 크다고 할 수 있다. 신경증과 비교해서 심신증의 특징은, 표면에 나타나는 것은 오로지 신체 증상뿐으로, 불안 그 외의 정신 증상은 나타나지 않는다고 하는 점이다. 신경증은 정신병과 달리, 주로 심리적 원인에 의해서 생긴다. 여러 가지 분류가 있지만, 주된 것은 이하의 7개이다.

① 불안신경증: 불안은 누구라도 경험하지만, 신경증의 불안은 건강인의 것과는 다르다. 흔하게는 불안 발작의 형태로 나타난다. 심계 항진을 수반하는 것이 많아, 심장신경증이라고도 불린다. 사춘기의 여성에서는, 호흡 곤란을 동반하는 과호흡 발작의 형태를 취하기도 한다. 이러한 불안 발작이 몇 번 계속되면, 언제 불안 발작이 일어날까를 무서워하는 예기 불안 상태가 되어, 불안이 만성화된다.

② 공포증: 특정의 대상이나 상황과 결합된 불안으로서 笠原(1984)은, 물리적 공간에 관한 것, 물체에 관한 것(바이균 공포, 불결 공포 등), 대인 상황에 관한 것의 3개종으로 나누고 있다.

③ 강박신경증: 자신감이 없는 자기가 불확실한 성격의 사람에게 생기기 쉽다. 강박 행위는 강박 관념에의 대항책으로서 출현해, 제삼자가 이 행위를 중지시키면 불안하게 된다(笠原, 1984). 강박 행위가 심해지면 생활을 방해받게 된다.

④ 심기증: 자신의 신체에 관심이 집중해, 사소한 이상을 무거운 병이라고 믿어버리고 고민한다.

⑤ 우울 신경증: 우울한 기분·자신감 상실 등의 상태를 증상으로 한다. 상실 체험 등 유인이 명확하지 않은 경우가 많다. 우울 증상과 불안 증상은, 동시에 존재하지만, 불안감은, 막연한 불안감으로서 호소할 수 있거나(Zahn‐Waxler, Klies‐Dougan, & Slattery, 2000), 사소한 일에 신경이 쓰이는 것처럼 표현되거나 한다.

⑥ 이인 신경증: 자기 자신, 자신의 신체, 자신을 둘러싼 외계에 대한, 생생한 현실감이 느껴지지 않아서, 괴로워하는 증상이다.

⑦ 히스테리: 히스테리 성격으로 불리는 성격의 사람에게 생기기 쉽다. 내면적으로 소아성(자기중심적, 이기적임), 외면적으로는 자기 현시성(자신을 실제의 실력 이상으로 보이려고 하는, 연기적, 이기고 싶은 마음)이라고 하는 이면적 구조를 가지는 성격이다(佐野, 1985).

다. 정신 장애에 유형 분류

정신 장애란, 정신 기능에 장애를 가져와 일상생활에 지장이 생기게 된 상태의 총칭이다. 일본의 정신 보건 및 정신 장애자 복지에 관한 법률에서는, 정신 장애자를 '통합 실조증, 정신작용 물질에 의한 급성 중독 또는 그 의존증, 지적 장애, 정신병 그 외의 정신 질환을 가지는 사람'이라고 규정하고 있다. 정신 장애는 뇌의 병이며, 신경증 이하의 레벨은 마음의 병이라고 말해진다. 정신 장애의 원인은, 외상이나 감염, 약물 사용에 의한 뇌 장애를 제외하면, 현시점에서는 불명한 일이 많다. 정신 장애는 원인에 의해, 크게 3종류로 분류된다.

① 외인성 정신 장애: 뇌나 신체에 있어서의 특정의 원인에 의한

정신 장애이다. 이것은 청년기에만 한정되는 특성은 아니다.

② 내인성 정신 장애: 원인은 불분명하지만, 아마 뇌의 생물학적 원인에 의해서 생긴다고 생각할 수 있다.

③ 심인성 정신 장애: 심리적·환경적 요인에 의해서 생기는 정신 장애이다. 심인성 정신 장애는, 체험화, 신체화, 행동화로 나눌 수 있다(笠原, 1981). a) 체험화: 불안이나 갈등을, '신체상의 고통'으로 체험하고, '고민하는' 것이 가장 흔한 반응이다. b) 신체화: 불안이나 갈등을, 신체상의 호소나 신체 증상으로서 표현하는 것이다. 히스테리와 같이, 마음의 고민을 구조화해 고민하는 경우에, 그것을 의식하는 것을 회피하고 신체상으로 호소를 하고 고민을 회피하려고 한다. 혹은, 심신증·섭식 장애와 같이, 신체 증상의 뒤에 불안이나 갈등이 숨겨지기도 한다. C) 행동화: 불안이나 갈등을, 극단적인 행동의 형태를 취해 발산하려고 하는 것이다. 한층 더 행동화는 4개로 분류할 수 있다. 무기력 행동, 자기 파괴 행동, 충동 행동, 공격 행동이다(笠原, 1984).

4) 청년기에 있어서 부모와 자식 관계 및 자의식

(1) 부모에 대한 의존과 자기개념

자기개념이 형성되어 가는 메커니즘 중에서는, 다른 사람의 사고,

감정, 행동 양식 등을 자신 내에 도입하는 동일시 혹은, 다른 사람의 행동이나 태도를 관찰하는 것으로 그것을 학습하는 모델링이 있다. 부모에 대한 아이의 동일시가 자기개념의 발달 과정에 대해 완수하는 역할은 다음과 같다. 아이는 부모에게 의존해서 그 요구나 기대를 받아들여 부모의 기준을 내면화하고 동일시하는 것에 의해서, 부모의 승인을 얻고, 안정감과 충족감을 가져오는 파생적인 지위를 손에 넣는 것이다. 다만, 아이 존재를 가치 있는 것으로서 수용하고, 자식의 사회화를 위해서 훈육한다고 하는 태도를 가지는 부모의 아래에 있어서만, 가능한 것이다. 즉 자기개념이 안정되게 발달하려면, 어린이가 부모를 동일시대상으로 삼는 것과 부모가 아이를 수용하는 것이 필요하다.

(2) 부모로부터의 독립과 자기개념

청년기가 되면 부모 이외에 의존 혹은 동일시의 대상을 찾아낼 필요가 있다. 동일시의 대상이 되는 것은 동년배 집단이다. 정체성 확립은 동료와의 교우를 통해서 촉진되는 것이다. 자기의 모습을 다른 사람에게 전달해서 그것에 대한 사람의 반응을 음미하는 것은, 명확하고 안정된 자기개념의 형성에 영향을 끼치고, 그것이 정신적 건강을 가져온다. 중학생에 관한 연구에서는, 부모에 대한 신뢰감의 높은 사람은, 부모에 대한 자기 명시 정도가 높다(久世, 1972). 아동기에 있어 아이를 수용하지 않고 거부하는 부모, 혹은 어린이의 요구의 모두에 복종하는 부모 아래에서는, 자식에게 부모에 대한 의존은 생기지 않는다. 또 자식의 독립에의 요구를 무조건으로 인정하는 부모 아래에서는, 청년기의 자기 형성이 방해받는 것은 말할 필요도 없다.

(3) 부모와 자식 관계의 과제

이상적 부모의 역할은, 아버지는 가정에 부과된 과제를 달성하기 위해서 가족 성원을 엄격하게 지도하는 한편, 어머니는 가정에서 생길 수 있는 갈등을 해제하고 성원의 정서 안정을 배려하는 것이, 부모의 역할로 기대된다. 그런데 현실에는, 아버지는 엄격한 도구적 기능은 완수하지 못하면서, 오히려 표출적 기능을 담당하든가 혹은 어떠한 기능도 발휘하지 못하고, 어머니는 긴장을 완화시키는 표출적 기능보다 오히려 도구적 기능을 지고 있는 것 같다. 가정에서 폭력을 휘두르는 청년의 부모의 양육 태도를 조사한 자료에 의하면(稲村, 1981), 아버지가 응석을 받아 주는 행동, 맹종이나 방임적 행동, 어머니의 과다한 기대·과다한 간섭 등은 청년기의 자기 형성에 저해적으로 작용한다고 지적하고 있다. 비행 청년이나 가정 내의 폭력을 행사하는 아이들의 정체성은 '부정적인 정체성', '정체성 혼란' 상태에 있다고 생각할 수 있다(鑪·山下, 2001). 그 배경에는, 가정에 있어서의 아버지의 권위의 실추를 가져온 현대 사회의 급속한 산업화나 사회 전체가 어머니 중심으로 되는 모계 중심주의화(赤塚, 1982)가 병행되고 있는 것에 있다고 생각할 수 있다.

(4) 청년기의 발달 과제

청년기의 발달 과제 중에서 부모님이나 다른 어른으로부터의 '정서적 독립의 발달'을 들 수 있다. 山本(1987)은, 다음과 같이 청년기의 발달 과제의 과정을 기술했다.

① 분리의 갈등과 감정적 반발의 시기: 부모에게 비판의 관심을 가지기 시작해 그 약점이나 결점을 인식하기 시작한다.

② 상위의 자각과 반항, 이탈: 부모로부터의 분리의 때와 같이해서, 청년은 동료와의 교제에 열중해서 집을 피하게 된다. 즉 부모보다 동료와의 관계의 의미가 커진다.

③ 분리에 따르는 고독과 우울: 이 분리 과정은, 의존 대상의 상실이라고 하는 관점에서 볼 수 있다. 분리의 과정이 자기에게 직면할 경우에 느끼는 것이 고독감이며, 우울이다.

④ 가치의 재편집과 부모에 대한 재동일화: 청년은 부모로부터의 분리의 과정에서, 지금까지의 모든 가치를 취사 선택해서 자신의 가치관을 찾아 간다. 山本(1987)에 의하면, 선택된 가치관에는, 부모세대의 가치관이나 자식 시대의 가치관과 연속성을 볼 수 있다고 한다.

⑤ 화해와 정의 재인식: 청년이 자신의 가치관을 갖고, 부모와의 적절한 거리를 유지하며, 냉정하게 부모를 볼 수 있게 되면, 부모와는 화해하고 친한 관계에 들어간다.

3. 본 논문의 특성 및 선행 연구와의 관련

정신 분석의 이론에서는, 유아기에서부터 사춘기까지의 발달이 특히 중요시되어(Freud, 1905), 부모와 자식과의 관계를 둘러싼 문제의 연상, 기억, 감정이, 유아기 이후의 대인관계, 나아가서는 스스로가 부모가 되었을 때의 부모와 자식 관계에 결정적인 의미를 가진다(Chodorow, 1978)라고 하는 것이 선행 연구의 주장이다. 이것에 대해서, Erikson의 생애 발달론에 있어서의 '인간 발달 8단계' 안에서 정체성은, 다른 사람과의 상호적인 관련에서 나타나는 것을 강조하고, 인격 발달에 있어서의 다른 사람과의 관계성의 역할을 중시했다. 즉 정신 분석학 관점으로부터의 모자 관계의 유아기에 있어서의 애착의 중요성은 부정되어야 할 것은 아니지만, 유아기 이후의 경험도, 그것이 풍부한 것이든, 희박한 것이든, 인간은 아이에서부터 어른이 되기까지 여러 가지 경험을 가지면서, 유아에게 구축된 관계에 대한 인지가, 그것 이후의 대인 경험에 의해, 영향을 받거나 수정되거나 하면서 현재에 도달하는 것이 예상된다.

대인적 환경이 크게 바뀌고, 부모 이외의 다른 사람과의 사이에 따뜻한 정서적 체험을 가지는 것으로, 애착 관계 모델에 변화(Ricks, 1985, Main, 1985, Bretherton, 1988)의 가능성을 생각할 수 있다. 유아기에 어떤 특정의 부정적 경향이 생겼다고 해도, 유아기 이후의 경험으로 긍정적으로 궤도를 수정하는 것은 충분히 가능하다. 왜냐하면, 청년기는, 지금까지의 자기상을 재구축해, 현실에 입각한 자기상을 구축할 수 있는 시기이기 때문이다. 유아기에 있어서의 모친과의 애착 관계가 후의 인격 발달에 간접적 영향을 미치는 것은 가능성으로서 부정할 수 없지만, 그것이 애착 관계의 질의 연속성으로 연결된다고는 하기 어렵다. 유아기의 부모의 양육 태도는 청년기의 부적응에 영향력을 미치는 요인이지만, 이때 영향을 준 다른 요인을 개입시켰을 경우를 고려해야 한다. 즉 '유아기에 부정적인 부모의 양육 태도였기 때문에, 청년기에 부적응이 발생한다'라고 하는 일직선의 인과관계로 묶는 것은 무리이다.

지금까지의 연구에서는, 유아기에 있어서의 중요한 다른 사람과의 관계가 그 후의 인격 발달에 큰 영향을 끼친다고 하는 관계의 질의 연속성, '발달 초기에 긍정적(부정적)인 관계를 가진 사람은, 그 후의 라이프 스테이지에 대해도 긍정적(부정적)인 관계를 가진다'라고 하는 것에 초점을 둔 연구를 거듭해 왔다. 게다가 부모와 자식 사이의 신뢰감 형성에 관한 연구의 대부분은, 유아기의 모자 관계를 대상으로 한 것(Fox, Kimmerly & Schafer, 1991)이며, 청년기에 대해서는 그다지 검토되지 않았다. 본 논문의 청년기의 정체성 연구에서는, 유아기에 있어서의 부정적인 부모의 양육 태도가 그 후의 정신적 건강에 부정적인 영향을 주는 것이라고 하기보다는, 청년기의 정체성을 확립하는 것에 의해서 자기상을 다시 구축해서, 궤도 수정하는 것은 충분히 가능하다고 하는 새로운 지견이 시사되었다.

청년기의 정신적 부적응의 배경에는 생물학적 요인에서부터, 타고난 성격, 가족 관계, 사회 문화적 상황 등의 모든 요인이 관여하고 있다고 한다. 그러나 정신적 부적응의 요인은, 외상이나 감염, 약물 사용 등에 의한 뇌 장애를 제외하면, 현시점에서는 불분명한 일이 많다. 선행 연구에서는 여러 가지 요인과 정신적 부적응과의 관련의 연구를 했지만, 정체성 혼란과의 관련된 연구는 별로 실시되지 않았다. 본 논문에서는, 청년기의 정신적 부적응을 자기의 발달상의 정체성 확립이라고 하는 과제가 해결되지 않는 것에서부터 기인하는 것이라고 생각했다. 즉 정체성 혼란에 초점을 두어 청년기의 정신적 부적응과 정체성 혼란과의 인과관계를 종합적으로 본 논문이다. 다음 장부터는, 이하와 같은 가설을 세워 청년기의 정체성 혼란이 정신적 부적응의 요인인 것을 검증한다.

<가설>

1) 일본 문화의 특징으로 지적되는 대인 불안은, 일본 문화의 특징이라고 할 수 있는 상호의존적 자기에게 원인이 있다기보다는 정체성과 공적 자의식에 의해서 강한 영향을 받고 있다.
2) 청년기에 많이 발생하는 우울의 취약 요인은, 정체성 혼란에 있다. 왜냐하면, 부정적 자기 인지에 의해 초래되는 우울의 배경에는, 정체성 혼란이 영향을 주고 있기 때문이다.
3) 정체성 혼란은 청년기에 병발하기 쉬운 불안, 우울, 강박의 발생에 영향을 주는 요인이며, 불안·우울·강박의 근본에는, 정체성 혼란이 공존하고 있다.
4) 청년기의 정체성 혼란이 불안·우울·강박의 직접 요인이며, 부모의 양육 태도는 정체성 혼란을 매개로 해서 영향을 주는 간접 요인이다.

제 2 장
청년기의 정체성

요 약

정체성 혼란이 정신 병리의 기본이 되는 것은 많은 연구자에 의해서 지적되어 왔다. 그러나 선행 연구에서는 여러 가지 요인과 정신적 부적응과의 관련의 연구가 주된 것이며, 정체성 혼란과 관련된 연구는 별로 없었다. 부모와 자식 관계의 연구는, 유아로부터 사춘기까지의 발달이 특히 중요시되어 애착의 패턴이 변화한 개인에 대한 연구는 아직 많지 않다. 본 논문에서는, 애착 이론의 연속성에 의문을 제기하고, 청년기의 부적응을 '유아기의 부정적 부모와 자식 관계', '정체성 혼란'이라고 하는 관점에서부터 고찰했다. 결과, 청년기의 부적응은 유아기의 부정적인 부모와 자식 관계의 경험이 직접적인 원인이라고 하기보다는 정체성 혼란에 그 원인이 있는 것으로 고찰되었다.

키워드: 정체성 혼란, 부모와 자식관계, 청년기, 부적응

1. 서 론

청년기의 부적응은, 유아기에 있어서의 부정적 관계가 그 후의 대인관계에 부정적인 영향을 주는 것에 의해서 발생한다고 지적되어 왔다. 그러나 사람은 항상 새롭게 다른 사람과 관계를 맺으면서 재체제화를 계속해 나가는 존재이다. 과거에 있었던 중요한 다른 사람과의 부정적 관계는 지워 버릴 수는 없지만, 재체제화 또는 내재화하는 것으로 그 관계가 긍정적 관계로 변화될 수 있는 가능성을 배제해서는 안 된다. 즉 유아기에 있어서의 어머니와의 애착 관계가 후의 인격 발달에 간접적 영향을 미치는 것은 가능성으로서 부정할 수 없지만, 그것이 애착 관계의 질의 연속성으로 연결된다고는 하기는 어렵다. 유아기에 어떤 부정적 경향이 생겼다고 해도, 유아기 이후의 경험으로 긍정적으로 궤도를 수정하는 것은 충분히 가능하다. 왜냐하면 청년기는, 지금까지의 자기상을 다시 구축해서, 현실에 입각한 자기상을 구축해 갈 수 있는 시기이기 때문이다.

‘유아기에 부정적인 부모의 양육 태도를 경험했기 때문에, 청년기에 부적응이 발생한다’라고 하는 일직선의 인과관계는 무리이다. 유아기의 부모의 양육 태도는 청년기의 부적응에 영향력을 끼치는 요인이지만, 부모의 양육 태도 이외에도 다수의 요인이 개입될 수 있다는 것을 가정해야 한다. 청년기의 정체성 혼란을 개입시켰을 경우에는, 부모의 양육 태도는 정체성 혼란을 매개로 해서 간접적으로 청년기의 부적응에 영향을 주는 것으로 추측할 수 있다. 청년기의 부적응의 증상은, 유아기에 있어서의 부모와 자식 관계의 부정적 경험에서보다는, 정체성 혼란이 원인이라고 생각할 수 있다. 본 논문에서는, 애착 이론의 연속성에 의문을 제기하고, 유아기에 있어서의 부모와의 부정적 관계가 그 후의 대인관계에 부정적인 영향을 주어 부정적 부모의 양육 태도에 의해서 청년기의 부적응이 일어나는지에 대해서, '유아기의 부정적 부모와 자식 관계', '정체성 형성'의 관점에서 고찰한다.

2. 본 론

1) 청년기와 정체성

(1) 청년기의 인지 능력의 발달에 수반하는 정체성

청년기의 정체성 형성의 프로세스를 지지하고 있는 가장 유효한 요인은, 인지능력의 발달로 여겨진다. 청년기의 인지가 아동기와 다른 점은, 뇌·신경계의 성숙으로 정보처리의 속도나 정확함이 정점에 달해, 그 결과, 고차원의 인지 능력을 발휘할 수 있다는 점이다(楠見, 1995). 아동의 사고는 구체적인 것이나 현실적인 것이지만, 청년기에 들어가 형식적 조작(Formal operation)이 가능하게 되면, 추상적인 사건이나 현실에 존재하지 않는 개념에 대해서도 이론적으로 올바른 사고나 추론을 할 수가 있고, 자기 자신을 성찰하게 되어 내성적으로 된다. 자기 자신에 대해 깊게 생각할 수 있게 되면, 자기 개념이나 정체성이 발달한다. 청년기에 있어서의, 자기 자신을 성찰해서, 미래를 간파하고 삶의 방법을 결정할 수 있는 힘은, 상당한 부분 이러한 인지능력에 의거한다고 생각할 수 있다.

(2) 정체성의 유형화

Marcia(1966, 1976)가 정체성(identity status) 개념의 측정에 사용하고 있는 방법은, '위기(crisis)'와 '심취(commitment)'이다. 이 방법은, 지금까지의 인생에서 의미가 있는 몇 개의 가능성을 놓고 결정하려고 고투했던 시기가 있었는지 아닌지 '위기'라고 하는 기준과 자기 자신의 신념을 명확하게 표현하거나 거기에 기초를 두고 행동하는 것이 되어 있는지 아닌지의 '심취'라고 하는 2개의 기준을 이용해서, 청년의 정체성 문제에의 대처의 방법을 4개(정체성 확립·모라토리엄(moratorium)·조기 완료·정체성 혼란)의 개념으로 유형화한 것이다.

정체성 확립자의 경우는, 과거에 위기를 경험하고, 현재는 그 위기를 극복해서, 선택한 대상에 심취해 있다. 조기완료자는, 과거에 위기를 경험하지는 않았지만, 부모나 사회가 승인하는 대상을 받아들여 현재 그 대상에 심취하고 있다. 모라토리엄(moratorium)자는, 현재, 위기상태에 있으며, 심취는 막연히 한 것으로 뚜렷하지 않는다. 정체성 혼란자(identity confusion)는, 과거의 위기의 유무와는 관계없지 않고, 현재 심취하고 있지 않다. 이러한 4개의 상태에서는 정체성 혼란자가 가장 부적응 문제를 일으키는 일이 많다. 정체성 혼란자는 자신이 무엇을 위해서 존재하는지, 또 자신이 누군지를 모르는 상태이다. '자신이 누군지' 모르는 개인은, '자신의 존재 가치는 없다'라는 자기부정을 실시해, 자신을 상처 입히거나 혹은 '자신이 누군지 모르는'불안을 회피하기 위해서'다른 사람들이 나쁘다'라고 하는, 다른 사람 부정을 실시해 다른 사람을 상처 입히거나 한다(船津·安藤, 2002). 청년기는 정체성 혼란이 원인이 되어 부적응의 증상이 발생하는 경우가 많다(鑪·山下, 2001).

2) 청년기의 정체성 혼란과 정신 장애

(1) 청년기의 정체성 혼란 및 부적응으로서 나타나는 정신병리

청년기는 심신 양면의 변화가 크고, 인간관계나 사회적으로도 변화가 큰 시기이다. 자아에 눈을 뜨기 시작한 청년은, 자아, 사회, 인생 등에 대해서 사색하게 되어 자신 나름대로의 생각이나 태도를 형성하려고 한다. 게다가 그 정신은 이상을 목표로 하고, 감정은 아름다운 것을 동경한다. 그러나 성숙의 과도기에 있는 청년은 미숙하고, 사회도 모순을 띠고 있다. 그러한 자기나 사회에 직면했을 때, 민감하고 동요하기 쉬운 감정을 가진 청년은, 이상과 현실이 어긋나는 것에 있어 이상에 대한 자기의 무력감으로 괴로워하거나 자기혐오에 빠지게 된다. 청년은 여러 가지 변화를 경험하면서 고뇌하는 과정에서, 자아를 성장시켜 가는 것이지만, 이러한 변화에 잘 적응하거나 대처하거나 할 수 없으면 부적응 상태에 빠지게 된다. 고뇌를 어떻게 극복할지, 그 과정에 대해 무엇을 흡수할지가 청년의 정체성 확립을 좌우하는 열쇠가 된다.

村瀨(1976)는, 청년기의 위기 정도를 규정하는 요인으로서 2개의 요인 군을 들고 있다. 제1군은, 청년기에 불안·갈등·좌절을 가져오기 쉬운 내면적 상황인 부의 요인 군이다. 이것은, 기본적으로 부모와의 관계에서 형성되는 내적 불안, 갈등, 심리적으로 상처받기 쉬움이 포함된다. 부모님에게의 강한 의존심이나 반발, 혹은 부모나 부모를 대신하는 사람들과의 교류 체험의 희박함 등은, 그러한 것들이 무의식에 있으면 있을수록, 청년기가 되면 개인의 안정을 위협하는 요인으로 작용한다. 또 감수성, 무반성력, 자기 확장욕구도 포함된다. 감수성이 날카롭고, 반성력이 풍부한 청년이면 일수록, 정서적인 갈등이나 좌절, 죄악감에 의한 고뇌가 크고, 자기 확장욕구나 향상욕구의 강한 청년이면 일수록 여러 가지의 장애에 직면할 확률이 높아진다.

제2군은 부의 요인을 극복할 수 있는 정의 요인 군이다. 자기의 고뇌나 위기를 극복할 수 있는 보통 이상의 자아의 힘(자기의 재능에의 자신, 재능 현실에의 강렬한 지향심 등)이며, 지원적인 개인적인 사회적인 조건(개인이 활동할 수 있는 것, 취직의 기회, 부모·친구·동료로부터의 지원, 사회의 가치 체계나 이상과의 일치 등)이다. 정의 요인군은, 지원적 / 개인적 / 사회적 조건을 타고나고, 부의 요인 군이 그다지 강하지 않기 때문에, 위기에 도달하지 않는다. 그에 비해서, 부의 요인 군은 정의 요인 군의 힘을 훨씬 웃돌고, 자아의 힘으로 그것을 견디기가 어려워서 자기부정, 혹은 다른 사람 부정을 실시하는 것으로, 부정적 정체성에 의해 부적응의 증상이 발생한다고 생각할 수 있다.

3) 청년의 정체성 형성과 사회

(1) 정체성을 육성하는 중요한 다른 사람과의 관계

청년기에 있어서의 정체성 형성은, 자기의 시점을 알아채고, 다른 사람의 시점을 내재화하면서, 거기서 생긴 자기와 다른 사람과 어긋나는 시점의 차이를 상호 조절에 의해 해결해 나가는 프로세스이다 (杉村, 1998). 즉 정체성 형성의 중심적인 작업인 위기를, 자기의 욕구·관심만은 아닌 다른 사람의 의견·기대를 고려하거나 상담이나 토론이라고 하는 형태로 다른 사람을 이용하거나 자기와 다른 사람과 다른 시점을 교섭 등의 수단으로 해결하면서, 인생의 중요한 선택을 결정해 가는 프로세스에서 정체성은 형성되는 것이다. 이러한 정체성 위기의 프로세스에 있어서의 자기와 다른 사람의 관계의 인식을 '관계성'이라고 부른다(杉村, 2001). 관계성이란, '중요한 다른 사람과의 상호작용 및 계속적인 적극적인 관여, 즉 코미트먼트 (commi- tment)에 의해 구축·재체제화되는, 다른 사람과의 관계 속에서의 개인의 본연의 자세'를 나타내고 있다. 塩見(2000)에 의하면, 청년기의 과제인 정체성 형성의 과정에서 '개성화'와 '사회화'라는 2개의 과정을 들고 있다. 자신다움을 소중히 하고, 그것을 밝혀가는 것으로, 자신과 다른 생각이나 감정을 가지는 사람을 받아 들여가는 것, 어느 것에 있어서나 자아 형성에 있어서 빼놓을 수 없는 것이라고 할 수 있다. 그러나 그러한 것에 있어서 균형을 잡기는 어렵고,

청년기는 갈등 속에 존재한다(藤井, 2001).

정체성의 형성에 있어서 관계성의 역할은, 남성과 여성에 있어서 그 정도나 질에 차이를 볼 수 있다(Gilligan, 1986, Josselson, 1973, Skoe, 1998). Josselson(1973)은, 대학생의 정체성 형성을 정신력 동적인 관점으로부터 남녀를 비교·분석한 결과, 남성의 경우에 정체성 형성이 학위의 취득이나 경제적인 성공과 같은 객관적인 기준에 의해 좌우되지만, 여성은, 중요한 다른 사람과의 관계에 의존한다는 것을 찾아냈다. 남자는 어릴 적부터, 분리−개체화라고 하는 개인의 자립에 관한 교육을 받으며 성장하지만, 여성은, 도움이나 다른 사람과의 관계라고 하는 사람과의 관계를 중시하는 교육을 받으면서 성장애 가는 것으로 나타났다(Chodorow, 1978). 여성의 정체성 발달은, 다른 사람과의 관계 속에서 유지되도록 되어 있다(Josselson, 1996). 이와 같이 지금까지의 연구의 결과는, '개인적 영역에 근거하는 정체성'과 '대인적 영역(관계성)에 근거하는 정체성'을 형성해 가는 것으로, 정체성 형성에 남녀의 차이가 있다고 생각했다.

그러나 최근의 연구 결과(杉村, 1998, 2001)에 의하면, 남성과 여성이 사회적으로도 가정에 있어도 같은 역할을 담당하는 것이 많아졌기 때문에, 점차 개인적 영역과 대인적 영역이라고 하는 개념으로 남녀를 나누는 것은 의미가 없다고 지적하고 있다. 그리고 남성과 여성의 인격 특징에 차이가 나타나는 것은 사회가 만들어 낸 것이며 본질적인 것에서 오는 것은 아니라고 생각하는 페미니즘의 고조도 더해져, 개인적 영역과 대인적 영역에서 남녀를 구별하는 것은 타당하지 않다고 하는 비판이 있다. 이러한 비판을 계기로, 개인적 영역−대인적 영역이라고 하는 2분법을 강조하기보다는, 대인 영역을 남녀 양쪽 모두의 정체성에 관련되는 영역으로서 파악하려는 움직임이 나타났다. 관계성의 문제는 정체성의 기초적인 요소(杉村, 2001)로서 여성에 한정되는 것이 아니고 남성에 있어서도(Thorbecke & Grotevant, 1982) 중요하다. 여성의 라이프 사이클이 재검토되고 있는 현재는, '사람과의 관계에서 자기실현'에 대한 실증적 검토를 해 나가는 것이, 정체성 개념을 적합하게 파악하는 방법이다(鑢・下山, 2001). 즉 다른 사람과의 관계 속에서 '자아'를 실현하면서, 상호간의 성장을 촉진하는 과정이, 정체성 형성을 위해서 남녀 모두에게 바람직하다고 생각한다.

사회적 문맥에서 형성되는 정체성과 다른 사람과의 관계성을 중시한다고 하는 관점은, 최근의 의의 있는 연구 동향의 하나일 것이다. '자신이라는 것'과 '사람과 관련'되면서 자기표현・자기실현・자기확립을 도모하는데, 정체성 형성의 과정이 있다고 생각할 수 있다. 이와 같이 청년기는, 중요한 다른 사람과의 관계 속에서 정체성이 형성되는 것이다. 따라서 정체성을 개인 내의 요소로 파악하는 종래의 패러다임(paradigm)에서, 다른 사람과의 관계를 고려하는 패러다임(paradigm)으로 전환해야 한다. 왜냐하면, '사람과 관계 속에서 자기실현'이 청년기의 정체성 형성에 불가결한 것이기 때문이다.

문화・사회・가족・동료・직장이라고 하는 문맥이 개인의 정체성 형성에 영향을 주는 것과 동시에, 개인의 정체성이 문화・사회・가족・동료・직장이라고 하는 문맥을 형성한다(Grotevant, 1987). 어떠한 대규모 문맥이라 할지라도 실제로 그 영향은 일상에서 친밀한 다른 사람과의 대인적인 프로세스 안에서 이뤄지고 있다(Adams & Marshall, 1996, Steinber, 1995). 청년 측에서 보면, 주변의 다른 사람과의 일상적인 커뮤니케이션을 통해서, 문화, 역사, 사회라고 하는 문맥과 관계를 맺게 되는 것이다. 따라서 정체성 형성의 프로세스에 관해서 말하자면, 청년은, 자신과 동일한 문맥에 사는 가족이나 동료, 연인, 선생님 등이 친밀한 다른 사람과의 상호작용을 통해서, 그 문맥이 규정하는 범위 내에서 자신의 직업이나 이데올로기를 선택한다고 할 수 있다. 즉 친밀한 다른 사람은, 청년에게 직접 영향을 줄 뿐이 아니고, 문화, 역사, 사회라고 한 대규모 문맥의 에이전트로서 이러한 문맥의 영향을 매개로 한다고 생각할 수 있다.

따라서 청년기의 정체성을 형성하는 데 있어서 시작은, 부모·친구·연인이라고 하는 중요한 다른 사람과의 관계에서 출발하고, 이러한 관계는 정체성을 형성하기 위해서 불가결한 토양으로서 존재(杉村, 1999)한다. 관계 속에서의 개인이 주체적으로 자리매김을 하게 되어 개인으로서의 정체성을 발달시켜 가게 되는 것이다. Kroger (2000)는, 청년기의 정체성 발달에 영향을 주는 3개의 문맥을 지적하고 있다. 제1은 가족이며, 제2는 친구이며, 제3은 교육적·직업적 환경이다. 이하의 3개의 문맥에 대해서 자세하게 조사해 보기로 한다.

가. 청년기의 정체성을 육성하는 가족·부모와 자식의 관계성

林·岡本(2003)는, 가족 정체성은 개인의 정체성과 정의 상관이 있고, 가족 정체성의 발달은, 개인으로서 정체성 형성에 중요한 의미를 가진다고 지적했다. 林·岡本(2003)는, 가족 정체성이 개인으로서의 정체성 형성에 미치는 영향력의 남녀차이를 다음과 같이 지적하고 있다. 분리-고체화 과정에 있어서, 남자는, 어머니에게 '억눌리는 불안'을 품고 있는 데 비하여, 여자는 어머니에게'분리 불안'을 품기 때문에, 남자에 비해 여자가 분리－고체화가 어렵다고 지적하고 있다. 또 어머니와 딸 사이에는 강한 정이 있다(齊藤, 1993). 아버지는 가족과의 관계성이 희박하다. 때문에 남자 청년은, 가족과의 관련성이 중요하다고 생각은 하고 있지만, 아버지를 모델로 해서 정체성을 형성하는 데 어려움이 있다(林·岡本, 2003). 즉 청년의 개인으로서의 정체성의 형성에는 어머니의 영향이 아버지보다 크다는 것을 지적하고 있다.

청년의 정체성은 부모님과의 관계에 있어서의'독자성'과'결합성'의 상호작용 안에서 나타난다. 특히, 결합성과 같은, 가족에 의한 지지적인 분위기가 기반으로 되어 있어야만, 청년이 다른 사람과 다른 자신만의 시점을 만들어내는 것이 가능해진다. 가족 관계에서 청년이 체험하는 독자성(individuality)과 결합성(connectedness)의 커뮤니케이션은, 다른 사람의 시점을 명확하게 하는 트레이닝이 되어, 정체성 형성을 촉진한다(Kroger, 2000). 즉 청년에게 심리적인 서포트의 역할을 하고 있는 가족 관계가 정체성을 탐구하는 기본적인 힘을 기른다고 생각할 수 있다(Grotevant & Cooper, 1985, 杉村, 1999).

나. 청년기의 정체성을 육성하는 친구 관계

동성·이성의 친구와의 관계는 대학생의 정체성 형성과 상관이 있다(加藤, 1989). 자신에게 있어서 진정으로 필요한 친구를 선택해서, 개인과 개인으로서의 깊은 친구와의 교제는, 청년기 후기에 큰 질적 전환을 이룬다(落合·佐藤, 1996). 청년기는 친구 관계의 중요성이

높아지는 시기이며, 친구와의 관계가 학교의 적응과 관련되고 있다
(酒井・菅原・眞榮城・菅原・北村, 2002, 大久保, 2005). 청년기에
있어서의 친구・연인 등이 중요한 다른 사람과의 신뢰 관계가, 자존
심이나 고독감, 연애 관계의 본연의 자세, 인생에 있어서의 만족도나
스트레스 감소에 깊이 관련되어 있다(酒井, 2001a, 酒井, 2001b).

적극적인 친구 관계를 가진 학생에게는 집단생활에서 자율적인 가
치 체계가 형성되기에 이르러, 그들은 졸업 후에도 그것을 기점으로
주체적으로 스스로 나아갈 방향을 잡을 수 있다. 친구와의 깊은 관
계에서 오는 일체감이나 연대감은, 정체성을 형성해 가는 청년을 측
면에서 보좌한다. 이러한 관계는, 정체성에 있어서의 개인으로서의
감각이나 관계 속에 있어서의 자기를 확인하는 것에 기여한다. 친구
나 연인과의 만남이나 헤어짐, 사귐의 깊이나 희박함 속에서 청년은
새로운 시점을 배우고, 자기와 다른 사람과의 시점의 사이에 새로운
밸런스를 구축한다고 생각된다.

청년기의 정체성 형성을 파악해 가는 경우, 부모와 자식 관계를
중시하는지, 그렇지 않으면 교우관계를 중시하는지에 따라 2가지로
견해가 나뉘고 있다. Cooper & Lopez(1985)는 지금까지의 청년기의
자아 발달에 관한 부모와 자식 관계와 교우 관계 이론을 다음의 3
점으로부터 정리하고 있다. ① 대항력(cross-pressure) 이론은, 즉 청
년기의 부모와 자식 관계는 교우 관계와는 대항하고 있고, 부모와
자식 관계에 갈등이 생긴 청년은, 교우 관계를 중요시하기 쉽다고
하는 것이다(Brittain, 1963). 이 이론은, 유아기의 부모와 자식 관계
의 본연의 자세를 자아 발달의 관점에 두지 않고, 현재의 부모와 자
식 관계와 교우 관계의 본연의 자세를 중시하고 있다. ② 두 개의

세계(two-worlds) 이론은, Sullivan(1953)로 대표되는 이론으로 부모와 자식 관계와 교우 관계의 내용은 별개이며, 전자는 상하의 관계, 후자는 대등의 관계이라고 파악하는 것이다. 이 이론은, 특히 친구 관계가 활발하게 되기 이전 사춘기(pre-adolescence)를 중시하고 있다. ③ 사회화(socialization) 이론은, 즉 유아기부터의 부모와 자식 관계를 사회화의 기반으로 파악하고 이 시기의 부모와 자식의 정서적 결합이 교우관계상의 사회화로 전개되어 가는 것이라고 파악하는 것(Radke-Yarrow, Zahn-Waxler & Chapman, 1983)이다.

본 논문에서는, 3개의 이론 중에서 사회화(socialization) 이론을 증명하는 연구를 고찰하면서, '청년기의 부적응', '유아기의 부정적 부모와 자식 관계', '정체성 혼란'이라고 하는 3개의 관점에서 고찰한다. 長尾(1999)는 부모와 자식 관계가 기반이 되어 청년기의 교우관계가 발전해 간다고 지적하고, 부모와 자식 관계가 불안정한 경우에는, 청년기에 자아 발달상의 위기 상태에 빠진다고 주장하고 있다. 부모에게의 애착이 안정적인 경우는, 대인관계도 안정적이며(Markiewicz, Doyle & Brendgen, 2001), 대인경험도 좋다(Lapsley, Rice & FitzGerald, 1990). 이것에 비해서 丹羽(2005)는, 부모와 자식 관계에서 불안의 낮은 사람은, 부모와 자식 관계의 불안의 높은 사람보다, 스트레스기에 있어서의 고독감이나 대인관계 불안을 완충할 수 있지만, 불안정적인 애착의 질의 상이에 따라 대인관계에 나타나는 불안에 차이가 있을 것이라는 것을 지적하고 있다.

Archibald, Linver, Graber & Brooks-Gunn(2002)는, 유아기의 사회화 이론의 관점으로부터, 부모와 자식 관계와 부적응적인 섭식 행동과의 관련을, 종단 연구의 수법을 이용해서 검토했지만, 일관된 결과를 얻을 수 없었다고 보고하고 있다. Furnham & Adam-saib(2001)는, 부모의 양육 태도와 고교생이나 대학생의 섭식 행동·태도와 부적응과의 사이에는 관련을 볼 수 없었다고 보고하고 있다. 이 점에 관해서 前川(2005)은, 고교생이나 대학생의 음식 행동·태도와 부모의 양육 태도와의 사이에는 부모와 자식 관계에서뿐만이 아니고, 여러 가지 사회적 요인에 의해서 영향을 받고 있다고 지적한다. 즉 청년기에는, 다른 요인을 매개로 부모의 양육 태도에 영향력의 변화가 나타나는 것이 상정된다.

酒井(2001)은, 애착 모델의 형성은 유소기에 가장 민감하고, 유소기의 애착 관계인 어머니와의 관계는, 청년기의 애착 관계인 친구·연애 관계에의 이행에 간접적인 역할을 담당한다고 지적하고 있다(Bowlby, 1973). 즉 대인적 환경이 크게 바뀌고, 부모 이외의 다른 사람과의 사이에 따뜻한 정서적 체험을 가지는 것으로, 애착관계의 모델이 변화한다(Ricks, 1985, Main, 1985, Bretherton, 1988)라고 생각할 수 있다. 부모에게의 대인적 신뢰감의 형성 요인은, 부모의 양육 태도에 의한 환경적인 요인과 아이 측의 개인차 요인이(Reiss, 1995)라고 하는 지적을 고려하면, 유아기에 부모와의 관계가 불안정하다고 해도, 유아기 이후 부모 이외의 다른 사람과의 안정된 관계를 쌓아 올릴 수 있는 경우에는, 혹은 개인차 요인이 유아기의 부정적 환경적 요인을 월등히 능가해서 정체성이 확립되었을 경우에는, 유아기의 부정적 관계로부터 청년기의 긍정적 관계로 변화할 수 있는 가능성을 배제해선 안 된다. 따라서 유아기에 있어서의 모친과의 애착 관계가 후의 인격 발달에 간접적 영향을 끼치는 것은 부정할 수 없지만, 부모 이외의 다른 사람과의 안정된 관계를 쌓아 올려,

불안정한 관계를 수정하는 정서 체험이 있으면, 그 영향을 완화시키는 것이 가능하다(Toth & Cicchetti, 1996).

이상의 이론을 정리하면, 유아기에 부모의 애정에 채워진 경험이 적은 아이의 경우에는, 마음속에'부모에 대한 기본적인 신뢰감'이 형성되기 어렵고, 유아기의 형성된 부모에 대한 불신감이 그 후의 청년기의 정체성 확립에도 영향을 주어 정체성 혼란에 빠졌을 경우에 부적응의 발단이 되는 것은 가능성으로서 생각할 수 있지만, 유아기의 부모의 양육 태도가 청년기의 부적응에 직접 영향을 끼친다고는 생각하기 어렵다. 정체성 확립이라고 하는 것은, 자신의 마음에서 나온다고 하는 자연 발생적인 개인의 특성 요인에 속하는 것인 것과 동시에, 다른 사람과의 관계를 완전히 끊은 상태로 정체성을 형성하는 것도 있을 수 없다(Archer, 1993). 즉 유아기의 부모의 양육 태도가 청년기의 정체성 확립에 영향을 미치는 것은 사실이지만, 청년의 개인차 요인이, 유아기의 부모의 부정적인 양육 태도의 환경을 초월해서 청년기에 정체성이 확립되었을 경우에는, 환경적 요인의 영향이 약해지는 일도 예측된다.

다. 청년기의 정체성을 육성하는 교육적 · 직업적 환경

대학에 진학하는 청년은 그 이외의 진로를 선택하는 청년에 비해, 정체성 탐구를 장시간에 걸쳐 체험하게 되거나 지연시키는 경향이 있다(Kroger, 2000, 下山, 1983). 대학 환경이나 대학생이라고 하는 신분이 제공하는 탐구를 위한 자원은 중요하다. 취직 활동이나 직업 결정은 대학생의 정체성 형성에 있어서 중요한 의미를 가지는 것으로 지적되고 있다(下山, 1986, 高村, 1997). 취직 활동에서 자기나 직업에 대한 정보를 수집해서 그것들을 통합하는 활동이나, 자신의 취직 활동을 뒤돌아보면서 그것들을 음미하는 사고활동은, 직업을 얻는 것에 국한되는 것이 아니고, 청년기의 자기 형성에도 기여하는 것이다(浦上, 1996).

대학생 남녀의 직업에 관한 생각에는 차이가 있다. 남성의 경우, 삶의 방법에 관한 이야기의 대부분은 직업에 관한 내용이며, 가정생활이나 지역 생활에 관한 내용은 거의 볼 수 없었다. 직업을 인생의 중심으로 평가하고 직업에 경제적 책임과 인간적 성장의 역할을 인정하며 가정생활은 부차적인 것으로 간주하고 있었다. 이것에 대해서 여성의 경우는, 직업은 자신의 이상이나 생각만으로는 결정할 수 없다는 것을 나타낸다. 여성은 남성보다 다른 사람과의 상호의존성을 강하게 기대한다(柏木, 1997)라고 하는 자기의 시점으로부터, 미지의 파트너나 현실에 맡기기 때문에, 장래의 직업 생활을 전망했을 때에 자기의 시점이 애매하게 되어 버린다. 직업 선택이 주체적인 탐구에 의해서 명확하게 되기 어려운 것은, 교육 환경에 있어 남녀 평등을 누리는 대학생에 있어서도, 현실의 벽에 부딪히는 여성의 정체성 형성의 프로세스의 상황을 반영하고 있는지도 모른다.

3. 결 론

　본 논문에서는, 청년기의 부적응을'유아기의 부정적 부모와 자식 관계', '정체성 혼란'이라고 하는 관점으로부터 고찰했다. 유아기에 있어서의 어머니와의 애착 관계가 후의 인격 발달에 간접적 영향을 미치는 것은 가능성으로서 부정할 수 없지만, 그것이 애착 관계의 질의 연속성으로 연결된다고 하기는 어렵다. 왜냐하면 청년기는, 지금까지의 자기상을 재구축해서 현실에 입각한 자기상을 구축할 수 있는 시기이기 때문이다. 자기개념의 형성기인 청년기에 대해 부적응의 증상은, 유아기에 있어서의 부모와 자식 관계의 부정적 경험에서보다는, 정체성 혼란이 원인이 되는 경우가 많다고 할 수 있다.

　지금까지, 유아기에 있어서의 부모와 자식의 관계의 연구는, 유아기에 만들어진 애착에 관한 이미지가, 그 후의 시간 경과에서 항상적으로 유지된다고 하는 애착의 연속성을 지지하는 연구가 계속되어 왔다. 지금까지의 애착의 연구에서는, 조기의 애착 패턴으로부터 그 애착 패턴이나 적응을 상당한 확률로 예측할 수 있는 것을 나타내는 연구가 중심으로, 애착의 패턴이 변화한 개인에 대한 연구의 실적은 아직 체계적으로 축적되어 있지 않다. 예를 들면, 부모에게의 애착은, 자존심(Engels, Finkenauer, Meeus & Dekovic, 2001), 우울(Laible, Carlo & Raffaelli, 2000), 정체성(Lapsley, Rice & FitzGerald, 1990, Samuolis, Layburn, & Schiaffino, 2001), 대학에의 적응(Kenny, 1987), 대인관계(Markiewicz, Doyle & Brendgen, 2001)에 영향을 준다고 하는 연구가 보고되고 있다. 이러한 연구는, 발달 초기에 형성된 애착 관계가 그 후의 대인관계의 본연의 자세를 규정한다고 결론짓고 있다.

이것에 비해서, Erikson의 생애 발달론에 있어서의'인간 발달 8단계'는, 개인의 자기는, 다른 사람과의 상호 관계 속에서 나타난다는 것을 강조해, 인격 발달에 있어서의 다른 사람과의 관계성을 중시했다. 지금까지의 부모와 자식 관계의 연구에서는, 유아로부터 사춘기까지의 발달이 특히 중요시되어(Freud, 1905), 본 논문과 같이 애착의 패턴이 변화한 청년기 연구의 실적은 축적되지 않았다. 또 정체성 연구에 대해도, 다른 사람의 존재나 다른 사람과의 사이의 관계성을 포함한 시점을 가지는 연구는 현재로서는 그렇게 활성화되어 있지 않다.

정체성·스테이터스의 관계의 연구에 의하면, 높은 정체성 확립군은 높은 충실감을 느낀다(森·河村, 2001). 충실감은, 청년기의 정체성 형성이라고 하는 주제와 관련될 뿐만 아니라, 청년기 이전의 인격 형성에 대해도 실감되어 청년기 이후의 친밀성이나, 성인기의 생식성의 달성감에도 느껴진다(大野·若原·三好·內島, 2004). 즉 정체성의 형성은 청년기에 끝나는 것이 아니라, 생애에 걸쳐서 계속되는 프로세스이다. 중년기나 노년기에 대해도, 정체성의 재구성이 일어난다(杉村, 1998, 岡本, 1985). 이와 같이, 다른 사람과의 관계성도, 생애에 걸쳐서 변화하면서 계속되어 가는 것이다. 즉 자기의 시점을 파악하고, 다른 사람과의 시점을 내재화하면서, 거기서 생긴 자기와 다른 사람의 사이에 시점의 차이를 상호 조정에 의해서 해결하는 작업이 생애에 걸쳐서 계속되어 가게 된다.

모자 관계에서 유아기에 있어서의 애착의 중요성은 부정되어야 하는 것은 아니지만, 유아기 이후의 경험도, 그것이 풍부한 것이든, 희박한 것이든, 똑같이 인간 발달의 연속성과 불연속성, 안정성과 변화에 영향을 끼친다(淸水, 1999)는 것을 고려해야 한다. 향후 과제에서는, 장기에 걸치는 인간관계에는, 다양한 요인이 복잡하게 관여한다(大日向, 2001)고 하는 점을 재인식하면, 가족관계나 사회적 문화적 환경의 문제도 포함해 포괄적·다면적으로 부모와 자식 관계를 다룬, 애착 패턴이 변화한 연구나 자기와 다른 사람과의 양쪽 모두를 관점에 넣어 관계성을 중시하는 청년기의 정체성에 초점을 맞춘 연구를 거듭해 가는 것이 필요하다. 또 발달 초기에 안정된 애착관계가 형성되지 못한 개인의 경우에는, 어느 정도까지 회복 가능한 것인지, 어떠한 지원 활동이 유효한지, 부모 이외의 다른 대상이 부모에 대한 애착을 보상해 줄 수 있는지, 그 경우 어느 정도 보상되는지에 대한 검토가 청년의 사회 적응을 돕는 데 필요하다.

지금까지의 연구에서는, 유아기에 있어서의 중요한 다른 사람과의 관계가 후의 인격 발달에 큰 영향을 미친다고 하는 관계의 질의 연속성에 주로 초점을 둔 연구가 거듭되어 왔다. 부모와 자식 사이의 신뢰감 형성에 관한 연구의 대부분은, 유아기의 모자 관계를 대상으로 한 것(Fox, Kimmerly & Schafer, 1991)이며, 청년기에 대해서는 아직 그다지 검토되지 않았다. 본 장의 청년기의 정체성 연구에서는,

유아기에 있어서의 부정적인 부모의 양육 태도가 그 후의 정신적 건강에 부정적인 영향을 준다고 하는 단순한 도식이 아니고, 청년기의 정체성을 확립하는 것에 의해서 자기상을 다시 구축해서, 궤도수정의 가능성이 있음을 시사했다. 3장에서는, 청년기의 정신적 부적응으로서 병발(Co-morbidity)해서 나타날 확률이 높은 불안·우울·강박 중에서 우선 불안과 관련지어서 개관한다. 이것으로 본 논문의 목적인 청년기의 부적응과 정체성 혼란 및 부모의 양육 태도와의 인과관계에서, 정체성 혼란이 청년기의 여러 가지 타입의 정신적 부적응의 심리적 특성에 공통된다는 것을 검토한다.

제 3 장
청년기의 불안

1. 불안에 대한 이론

　현대인은 여러 가지 불안 장애로 고통을 받고 있다. 불안이라고 하는 것은, 현대인의 사회생활에서 피할 수 없는 것이 되어 있지만, 정상적인 불안의 한계가 어디까지이고, 비정상적인 불안이 어디서부터 시작되는지를 결정하기는 어렵다. 3장에서는 현대인이 느끼는 불안 장애의 진단, 불안을 지속시키는 원인 및, 불안에 대한 심리요법에 대해 고찰하고자 한다. 불안의 의미는, 학자들에 따라서 다양한 견해를 나타내고 있지만, 여기에서는 심리적인 측면에서의 불안을 논의하고자 한다.

키워드: 불안 장애의 진단, 불안의 심리요법, 불안의 발생, 불안의 지속, 불안의 측정

1) 불안의 의미

불안(anxiety)은 라틴어의 anxius에서부터 유래한 용어이다. 불안과 유사한 용어로는, 공포의 감정을 수반하는 고민, 걱정, 괴로움, 격정, 증오, 의혹, 공황, 무서움, 위협, 혼란 등, 여러 가지 표현이 있다. 불안과 공포는 상호 교환 가능한 용어로서 사용되고 있다. 공포감은, 특수한 외적 사건에 대한 걱정(예: 공개 연설), 또 불쾌한 사건이 일어날 것 같은 상황에 대한 지속적 불안, 무서움이라고 정의한다(Kim, 1980). Freud(1959)는 공포와 불안의 개념을 다음과 같이 정의하고 있다. 공포는 주의 대상이 확실히 존재하는 것이지만, 불안은 주의 대상이 없다. 협박적 상황에 처하게 되면, 불안 상태에서부터 공포심으로 변하게 된다. 불안의 특징은 ① 불쾌한 감정 ② 불투명한 현상 ③ 무의식적 지각이다(Jung, 1972). 불안이라고 하는 것은, 추상적인 개념이기 때문에, 명확하게 정의하는 것은 어렵지만, 재난이나 위험이, 자신에게 다가가 오는 것 같은 긴박감, 긴장감, 혼란 상태로 표현할 수 있다(Lee, 1976). 불안은, 외적이라고 하기보다는 내적인 것이며, 막연한 위험에 대한 반응, 어느 상황을 통제할 수 없을 것 같은 것에 대한 애매한 감정이다. 불안은 파국에 대한 막연한 예감, 또는 신체적 긴장, 정신적 무기력을 수반한 생리적·정신적 반응의 총칭이다(Sieber et al., 1979).

2) 불안의 진단

(1) 불안과 불안 장애

불안(anxiety)이라고 하는 것은, 현대 사회 생활의 일부분이 되고 있으며, 피할 수 없는 것이다. 다만, 정상적인 불안의 한계가 어디까지이고, 비정상적인 불안의 시작이 어디까진가를 결정하는 것은 어렵다. 불안에서부터 여러 가지 불안 장애(anxiety disorder)가 발생한다. 불안 장애는 불안보다 더 강렬한 것이며(예를 들면: panic, attack), 더 지속적이며, 일상생활을 영위할 수 없게 만드는 공포증을 유발한다. 또 불안 장애와 우울 장애의 차이점은, 우울 장애의 핵심은 슬픔, 절망감, 기쁨이나 흥미의 감퇴에 있는 것에 비해 불안 장애의 핵심 증상은, 공포감, 예기 걱정, 자율 증상의 이상이다. 불안 장애자, 우울 장애자 모두 네거티브 자기 관련 정보에 영향을 받기 쉬운 것에 비하여, 적극적인 자기 관련 정보에 대한 영향력의 저하는 우울 장애자에게 한정된다(Dozois & Dobson, 2001).

(2) 공포증에 의한 DSMIV의 불안 장애 진단(APA, 1994)

공포증은, 어느 상황에 대한 지속적, 비현실적인 강한 공포감을 의미한다. 공포증을 가지는 사람은, 극장이나 교회, 연회장과 같은, 군중이 모이는 장소를 두려워한다. 군중이 없어도 낭패가 느껴지는 상황을 무서워한다. 공포증의 특징은 ① 목표물이나 어떤 상황에 대한 장기간의 우려감 ② 타당하지 않다는 것을 알지만, 그런 생각을 떨쳐 버리지 못하는 것 ③ 무서운 상황을 회피하는 것에 있다.

가. 광장 공포증

광장 공포증이란, 도망치는 것이 어려울지도 모르는 어떤 장소, 또는 발작이나 패닉 증상이 일어났을 때에 주위로부터 도움을 받을 수 없을지도 모르는 어떤 장소나 상황에 처하게 되는 것에 대한 불안이다. 불안 때문에, 집에서 혼자 있거나 또는 혼자 외출하는 것, 인파 속에 파묻히게 되는 것, 자전거, 버스, 비행기로 여행하는 것, 다리를 건너거나, 엘리베이터를 타는 등, 일상생활의 여러 가지 상황에서 회피현상이 나타낸다. 광장 공포증은 교육, 인종, 종교에 관계없이, 또 모든 사회 계층에서 많이 나타난다. 가족구성원이 우울증이나 공포증이 있을 때, 보다 빈번히 나타나고, 알코올 중독자가 있는 가정에서 가장 빈번히 나타난다. 광장 공포증의 2 / 3는 여성에서 나타난다.

나. 사회 공포증

사회 공포증을 가지는 사람이 두려워하는 것은 사회적 상황에서 망신당하는 것이다. 그러한 것에 불안을 느끼는 자신이 허약하게 보여, 타인에게 어리석은 사람으로 판단될까를 걱정한다. 자신의 이야기 소리를 타인이 알아채지는 않을까에 대해서 걱정하고, 남의 앞에서 이야기하는 것을 두려워한다. 타인과 이야기를 주고받을 때 매우 강한 불안을 느끼기도 한다. 사회 공포증을 가지는 사람은, 자신이 무서워하고 있는 사회적 상황 속에서, 거의 언제나 불안 증상(예: 심한 심장 박동, 발한, 설사, 긴장, 홍조, 혼란)을 경험하고 있다.

다. 강박성 장애

현저한 불안, 또는 고통을 수반하는 강박 관념 및 강박 행위를 특징으로 한다. 강박 관념은, 관념, 사고, 행동이 침입적이고 부적절한 것이라고 알고 있지만, 그만둘 수 없어서 심한 불안감으로 고통을 받고 있다. 침입적이고 부적절한 강박 관념의 성질을 '자아 위화적'이라고 한다. 강박 관념의 내용은 이질적인 것이며, 자기 자신이 통제할 수 없는 것이고, 자신이 원하는 사고가 아니라고 하는 그 사람의 감각을 나타내고 있다. 가장 일반적인 강박 관념으로서는, 오염에 대한 반복적 관념, 물건의 차례를 늘어놓고 싶은 욕구(예: 물건이 비대칭적으로 되어 있을 때의 강한 고통), 공격적이고 무서운 충동이 있다. 그 사고, 충동, 또는 심상은, 단지 현실 생활의 문제에 대한 과잉인 걱정(예: 경제 면, 직업 면, 또는 학업 면의 문제 등 현실에서 일어나고 있는 생활상의 문제에 대한 걱정)은 아니고, 현실 생활 문제와는 그다지 관계없는 것이다.

강박 관념을 가지는 사람은, 그러한 사고 또는 충동을 억제하려고 하거나, 다른 사고 또는 행위(즉 강박 행위)로 그것을 중화하려고 하거나 한다. 예를 들면, 스토브를 껐는지에 대한 의구심에 괴로워하고 있는 사람은, 꺼져 있다는 것을 확증하려고 반복해 조사하는 것으로 그 의구심을 중화하려고 한다.

강박 행위는, 반복 행동(예: 손 씻기, 순서를 바로잡기, 확인) 또는 심리적 행위(기도, 숫자 헤아리기, 중얼거림)이며, 그 목적은, 만족을 얻기 위해서가 아니고, 불안을 막기 위해, 혹은 경감하기 위해서이다. 가장 일반적인 강박 행위에는, 씻는 것, 깨끗하게 하는 것, 숫자를 헤아리는 것, 확인하는 것, 보장을 구하는 것, 반복성의 행위등이 있다. 강박 관념 및 강박 행위가 비현실적이라는 것을 확인했을 때에는 그것에 저항하려고 한다. 강박 행위에 저항하려고 했을 때, 불안 또는 긴장의 고조를 느끼지만, 불안은 행위에 따르는 것으로 해제된다.

〈강박 관념 장애자와 공포증 장애자와의 차이점〉

제1, 강박 관념을 가지는 사람은, 무서움의 대상과 마주하는 것에 대한 걱정은 공포증의 사람보다는 적지만, 장기간에 걸쳐 강박 관념에서 헤어나지 못하고 있다. 제2, 강박 관념을 가지는 사람은, 공포증의 사람이 갖는 걱정이나 공포감 대신에 불쾌나 혐오감의 반응을 나타낸다.

라. 패닉 발작

강한 불안, 공포, 또는 위협이 돌연 시작되어, 파멸이 눈앞에 가까워져 오고 있는 것 같은 감각을 수반한다. 여성이 남성보다 패닉으로 고통받기 쉽다. 패닉 장애는, 갑작스런 심장박동, 현기증, 구토, 가슴이 답답함이라고 하는 증상이 패닉이 되어 나타나는 것이 많다. 패닉 장애는 자동차에 대한 공포라든지, 외출 공포, 혼자 집에 남겨지는 공포, 과호흡, 심장 신경증 등, 여러 가지 형태로 나타나지만,

모두 죽음의 공포를 직접적으로 느끼는 것에 그 특징이 있다.

마. 외상 후 스트레스 불안 장애

극한 외상적인 사건의 재체험과 거기에 따르는 각성 항진 증상과 외상과 관련한 자극의 회피를 특징으로 한다.

바. 급성 스트레스 불안 장애

극한 외상적인 체험의 직후에 일어나, 외상 후 스트레스 장애의 증상에 유사한 증상을 특징으로 한다.

사. 전반적 불안 장애

적어도, 6개월 계속되고 있는 지속적 과잉 걱정과 불안을 특징으로 한다.

아. 물질 유발성 불안 장애

약물 남용, 투약, 또는 독물에의 폭로의 직접적인 생리적 결과라고 판단되는 현저한 불안 증상을 특징으로 한다. 상기 이외에도, 신체장애에 의한 불안 장애, 특정 불능의 불안 장애 등 여러 가지가 있다.

(3) 불안의 증상에 의한 0~10단계

1) 7~10단계: 공포

2) 6단계: 중간 정도의 공황 공격

3) 5단계: 공황의 발생, 공허감, 현기증, 회피, 동계

4) 4단계: 통제할 수 없는 공허감, 심장 박동, 긴장, 혼란

5) 3단계: 중간 정도의 불안, 발한

6) 2단계: 가벼운 불안, 신경질

7) 1단계: 자그마한 불안, 마음의 아픔

8) 0단계: 온화, 평화로운 감정

3) 불안 발증에 관한 이론

(1) 불안 발증의 이론

① Mowrer의 2개 요인 이론

불안의 발증과 지속을 설명하는 이론으로서 Mowrer의 2개의 요인 이론이 있다(Mowrer, 1960). 우선, 고전적 조건에 의해서, 네거티브 체험이 특정의 대상이나 상황과 결합되어, 불안 반응이 형성된다. 이것이 불안의 발증이다. 그 다음에, 자발적 반응의 조건에 의해서, 공포를 억제하기 위해서 그 상황을 회피하는 것을 학습하는 것이다. 이것이 불안의 지속이다.

② Beck의 진화론적 해석 이론

Beck & Emery는, 진화론적인 시점으로부터 다음과 같이 생각하고 있다. 공포의 상당수는 천성적이고, 진화론적으로 보면, 공포는 종족을 보존하는 기능을 가지고 있다(Beck & Emery, 1985). 예를 들면, 유아 때는 낯선 사람에 대해 위험을 느낀다. 이것은, 태고 때 인류에 있어도 그랬을지도 모른다. 개, 고양이·거미에의 공포증은 많지만, 이러한 동물은, 태고의 인류에게 있어서, 신체적 위협이 되어온 것이다. 생존 확률을 높이기 위해서는, 위험에 대해서 민감한 것이, 위험에 대해서 둔한 일보다는 바람직할지도 모른다. 진화는 불안한 유전자를 지지하고 있는 것이다. 이 생각은 사회적 위험과도 일치한다. 인간은 사회적 동물이며, 생존을 위해서 다른 사람에게 의지하지 않을 수 없기 때문에, 따돌림에 대한 천성적인 공포를 가지게 되었을지도 모른다. 이 점에서, 불안의 기능은 아픔과 유사하다. 즉 아픔을 느꼈을 때, 아픔을 멈추기 위해서 동기부여를 하는 것처럼, 불안도 위협을 배제하도록 동기부여 반응으로 간주할 수 있다.

③ 생물학적인 준비성 이론

진화론적인 생각을 취하는 것이 Seligman의 생물학적인 준비성(biological preparedness)의 이론이다(Seligman, 1971). 모든 것이 공포의 대상이 되는 것은 아니다. 불안의 대상이 되기 쉬운 것과 되기 어려운 것이 있다. 개, 고양이·거미에의 공포는 다른 대상에 비해 높다. 이것에 비해, 자동차로 스피드를 내는 것은 분명히 위험함에도 불구하고 스피드에 공포를 느끼는 사람은 별로 없다. 이러한 특정의 상황에 대한 생물학적 공포 경향을 Seligman는 생물학적 준비성이라고 부른다.

④ 불안의 요인 스트레스 모델 이론

불안을 가져오는 네거티브 라이프 이벤트(negative life event)는 누구라도 경험한다. 이러한 스트레스가 불안 장애의 발단이 된다. 또 같은 네거티브 라이브 이벤트를 경험해도, 불안 장애가 되는 사람은 극히 일부이다. 따라서 원래 불안 장애가 되기 쉬운 사람이 있는가 하면 되기 어려운 사람이 있다고 생각할 수 있다. 불안 장애가 되기 쉬운 사람의 요인을 불안의 취약성이라고 부른다. 이러한 생각은 요인 스트레스 모델(vulnerability-stress model)이라 부르고 불안 이외의 우울에도 적용되고 있다. 불안의 취약성을 가져오는 요인으로서 ① 유아기의 교육의 본연의 자세, 특히 부모가 사용하는 벌칙(Krohne, 1980) ② 기질, 특히 변화에 대한 적응의 개인차(Williams et al., 1985) ③ 퍼스낼러티 특성, 특히 신경질과 같은 것을 들 수 있다.

(2) 불안의 지속 이론(불안 schema와 예기의 이론)

불안은 어떻게 지속되는 것일까. 많은 이론들은, 부정적이고 비현실적인 일을 예기하는 것으로 불안이 지속된다고 하고 있다. Mowrer의 2 요인 이론에서는 불안의 지속을 회피 학습으로부터 생각하지만, 이 회피 중에서 '예기'의 메커니즘이 포함되어 있다. Gray(1982)는, 해마 기능 부전을 예기와 불안을 함께 묶어서 생각하고 있다. Reiss et al(1985)는, 기대 이론(expectance model)을 제시하고 있다. 한편, 예기를 가져오는 메커니즘으로서 불안 schema(anxious schema)를 중시하는 인지 이론가도 많다. 불안 schema는 위험을 예기시킨다. 불안 schema는, 환경의 일부에 대한 감도를 높여 위험 검출을 촉진시키는 기능을 갖고 있다. 불안 schema의 예기는, ① 위험의 발생 확률을 과대화시킨다. ② 공포의 대상으로 주의를 향하게 한다. ③ 이전의 불안 경험을 선택적으로 상기시킨다. ④ 네거티브 예기가 일어나서, 불안이 지속된다고 논증하고 있다. 좀 더 상세히 기술하면 다음과 같다.

① 주관적 확립

위험의 발생 확립을 과대하게 예기하기 때문에, 불안이 계속된다. 보통 사람은 주관적 발생 확률(subjective probability)을 낮게 생각하고 있지만, 불안 장애의 사람은 확률을 훨씬 높게 생각하고 있다(Butler & Mathews, 1983, Kent, 1985 a). 주관적 확률의 변화가 불안을 강하게 하는지, 반대로, 불안이 강해지기 때문에 주관적 확률이 바뀌는지, 그 인과관계는 뚜렷하지 않는다. 아마 불안이 강하기 때문에, 그것을 몇 번이나 예기하는 것이 원인이 되어, 결과적으로 주관적 확률이 바뀐다고 해야 할지도 모른다.

② 부적절 주의점

공포 대상으로 주의를 향하므로, 불안 증상이 지속된다. 불안 증상에는, 주의 초점의 부적절함(inappropriate focus of attention)이 있다. 즉 주의 초점이 부적당하기 때문에 불안을 예기시킨다. 고양이 공포증의 클라이언트는, 고양이에게 이상할 정도로 과민하게 되어 있다. 거리를 걷고 있을 때도, 다른 사람은 거의 알아채지 못하는 것에 비해서 고양이를 쉽게 발견하고 두려워한다. 공포 발작에서는, 자신의 신체 상태에 주의를 너무 향하고 있기 때문에, 대인 불안은, 주위의 사람에게 주의를 너무 향하고 있기 때문이다(Sartory, 1986). 사람의 정보처리 용량에는 한도가 있으므로, 특정의 자극에 주의를 향하면, 다른 과제가 소홀히 된다. Wine(1971)는, 테스트 불안의 자기 주목설을 제시하고, 테스트 그 자체에 향해야 할 주목을 자기에게 향해 버리기 때문에, 테스트 불안이 생긴다고 하고 있다.

③ 기억의 장애

이전의 불안 체험이 생각나서, 불안 증상이 지속된다. 불안 schema에 의해서, 이전의 불안 체험이 선택적으로 생각나게 하게 되어, 불안을 예기시킨다. 기명・보관 유지・재생이라고 하는 기억의 3 과정에서, 불안 schema가 영향을 주는 것을 생각할 수 있다.

a. 기명: 특정의 공포 자극에 언제나 주의를 향하고 있으면, 그것은 기억에 기록되기 쉬운 것이다.
b. 보관 유지: schema는 기억의 재체제화에 영향을 준다. 불안 schema가 활성화되면, 지난날의 불안 체험은, 그때에 체험한 것 이상으로 불안한 것으로 생각되는 것이다(Kent, 1985 b).
c. 재생: 불안할 때는, 옛날의 불안한 기억이 재생되기 쉽다. 어떤 무드에 있을 때는 그 무드에 일치하는 기억이 재생되기 쉽다. 이 현상은 무드 일치 효과(mood−congruent effect)로 불린다.

④ 예기의 신경학

해마의 기능 부전이 불안을 지속시킨다. 불안은 해마(hippocampus)의 기능 부전이다. 해마는 조합기(comparator)이며, '환경의 현실'과 '예기'를 조합하고 있다. 즉 환경에서 도착하는 지각 정보와 환경은 이렇게 될 것이라고 예기하는 정보가 서로 조합해서, '매치인가, 미스매치인가'를 판정하고 있다. 만약, 예기한 그대로가 아니라는 미스매치로 판정되면 개체는, 지금까지 행한 행동을 억제하고, 주의 레벨을 올린다. Gray & McNaughton(2000)에 의하면, 해마와 불안은 다음과 같이 관련되고 있다고 한다. 가) 해마가 과잉에 활동하면, 많은 항목을 너무 심하게 체크해서 조합을 몇 번이나 반복한다. 이것이 '강박증'에 해당한다. 나) 해마가 미스매치를 너무 검출하면 과잉으로 행동을 억제하고, 주의 레벨이 심하게 오른다. 이것이 행동적으로 '불안'에 해당한다.

4) 불안의 측정

정교한 척도는, 다음과 같은 조건을 채우지 않으면 안 된다(Anastasi, 1990). ① 척도는 개인차를 측정하기 위한 도구이므로, 개인차의 변별도(discriminate)가 높은 척도, ② 신뢰도(reliability)의 높은 척도, ③ 측정하려고 하는 것을 정확하게 측정하는 타당도(validity)가 높은 척도, ④ 표준화(standardization)가 검토된 척도이다.

(1) 질문지에 의한 불안의 측정

① 상태-특성 불안 질문지(state trait anxiety inventory)

Spielberger et al.(1983)의 불안 이론에 근거해 개발된 것이며, 현재 가장 많이 사용된다. 상태 불안(state anxiety)은, 그때의 상황에 대한 반응으로서의 '불안하다', '초조하다', '긴장하고 있다'고 하는 20항목을 제시하고 방금, 이 순간에 자신에게 들어맞는 것을 조사 대상자로 하여금 선택하게 한다. 특성 불안(trait anxiety)은 안정된 인격 특성으로서의 '불안하다', '지치기 쉽다', '울고 싶은 기분이다' 라고 하는 20항목을 제시하고 보통 어느 정도의 빈도로 일어나는지 를 조사 대상자에게 대답하게 한다.

② 테스트 불안 척도(TAS: test anxiety scale)

만드라가 만든 테스트 질문지(TAQ: test anxiety questionnaire)이다. 중요한 시험을 보았을 때, '주위의 학생은 머리가 좋을 것이라고 생각해 버린다'라고 한 37항목을 주어'네', '아니오'의 2점 척도법으로 대답하게 하는 것이다. 테스트 불안이 정동적 반응을 수반하는 신체적 불안과 이미지적 사고를 중심으로 하는 인지적 불안의 2 측면을 포함한 개념에 비해서, 걱정은 인지적 성분만을 나타낸다(Mathews, 1990). 가장 넓게 사용되고 있는 걱정을 측정하는 질문지는, PSWQ 와 WDQ이다. PSWQ는, GAD 환자나 임상가의 기술을 바탕으로 작성되고 있어 병리적인(pathological) 걱정을 측정하는 질문지이다. 杉

浦·丹野(2000), 林·松見·林(2002)에 의해 일본어 번역판이 작성되어 신뢰도와 타당성이 확인되고 있다. 한편, WDQ는 일반의 사람들로부터 수집한 항목으로 작성되어 있고 비병리적인(normal) 걱정의 정도를 측정한다고 여기고 있다. WDQ는, 5개의 하위 척도'relationship: 관계성', 'lack of confidence: 자신의 결여''aimless future: 미래에의 목적이 없음', 'work incompetence: 일에의 부적응', 'financial: 생계'로 구성되어 있다.

③ 고통 사고 질문지(DTQ: distressing thought questionnaire)

Clark & Silva(1985)가 개발한 불안과 우울의 인지를 측정하는 질문지이다. DTQ에서는 빈도(어느 정도의 빈도로 사고가 떠오르는지)뿐만이 아니라, 비관도(어느 정도 슬픈지), 고통도(어느 정도 괴로운지), 非容忍度(어느 정도 견딜 수 있을지) 등 다차원적으로 측정할 수 있다. 항목은 6개의 불안 사고와 6개의 우울 사고로 구성되어 있다.

④ 불안 사고 질문지(ASSQ: anxious self-Statement questionnaire)

선행 연구에서 중요한 사고 내용을 리스트업해서, 조사 대상자에게 경험한 것을 체크시키고 있다.

⑤ 다차원 우울 불안 증상 척도(multidimensional depression and anxiety symptoms scales: MDAS)

佐藤·安田·兒玉(2001)에 의해 작성된 MDAS에서는 ① 포지티브 정동의 저하 또는 무쾌락증(우울 때문에 저하되는 기쁨, 흥미, 충실감, 자기나 장래에 대한 적극적인 평가를 포함한 포지티브 정동의 저하) ② 네거티브 정동 또는 전반적 데이트 스트레스(우울과 불안에 공통되는 걱정, 염려, 고뇌, 초조, 자기나 장래에 대한 네거티브 평가를 포함한 네거티브 정동 또는 전반적인 디스트레스) ③ 생리적 각성(불안 특유의 질식감, 심장 박동, 발한 등의 자율 신경계 증상)이라고 하는 3개를 측정 대상으로 하고 있다.

(2) 면접 방법에 따르는 불안의 측정

① 반구조화 면접법

클라이언트에게 질문하는 것에 의해서 불안 관념을 찾아내는 방법. 이 면접 방법은 2개의 난점이 있다. 가) 면접자가 요구하고 있는 대답을 클라이언트가 눈치 채고, 정말로 그러한 관념을 가졌던 적이 없음에도 불구하고, 그것을 대답해 버리는 요구 특성(demand characteristics)의 가능성이 있다. 나) 면접자가 질문을 계속 하고 있으면, 위험을 테마로 하는 관념이 언젠가 들켜 버릴 가능성이 있다.

(3) 자유 재생법에 따르는 불안의 측정

① 사고 열거법(thought listing)

불안 환기 상황에서, 조사 대상자가 무엇을 생각하고 있는지 언어로 보고하도록 하는 방법이다.

② 발화 사고법(think aloud)

조사 대상자에게 과제를 주어 그것을 수행하는 동안에 생각한 것을 소리 내어 듣게 하는 방법이다.

③ 사고 샘플링 방법(thought sampling)
랜덤 간격으로 신호가 제시되고 조사 대상자는, 그때의 사고 내용
에 대해 보고하도록 한다.

④ 사고 모니터 방법(thought monitoring) 불안이나 긴장을 느끼는
일이 있으면, 그 직전에 무슨 생각했는지 생각이 미치는 데까지 용
지에 기록하도록 요구하는 방법이다.

(4) 실험 기법에 따르는 불안의 측정

① 스트로프과제(Stroop color-naming task)
여러 가지 색이 쓰인 단어를 제시하고 그 단어를 읽게 하는 것이
아니라, 단어 색의 이름을 대답하게 하는 테스트이다. 색과 관계없는
단어를 제시했을 경우, 조사 대상자는 단어의 색을 빨리 대답할 수
있다. 그러나 색과 관계한 단어를 제시했을 경우, 조사 대상자의 반
응은 길어진다. 즉 색과 관련한 단어의 의미(파랑)에 주의를 향하게
되어 색의 이름(빨강)에 대한 주의가 줄어들었던 것이다. 그 때문에,
과제에 대한 반응 시간이 늦어진 것이다(간섭 효과). 공포 단어에의
주의를 향하면 색의 이름에의 주의가 줄어들고, 과제에 대한 반응
시간이 늦어진다. 스트로프과제의 간섭 효과를, 공포증의 객관적인
지표로서 사용할 수 있다(Watts et al., 1986).

② 다이코틱·리스닝 과제(dichotic listening)

조사 대상자는 헤드폰을 끼고 우측 귀와 좌측 귀의 어딘가에 주의를 향하게 한다. 우측 귀와 좌측 귀에는, 다른 단어가 제시된다. 조사 대상자는, 단어를 알아들으면, 곧바로 복창해야 한다. 보통 주의를 향하지 않는 귀에 제시된 단어를 알아듣는 것은 어렵다. 그런데 개인적으로 중요한 단어를 제시하면, 주의를 향하지 않았던 귀에서도 알아들을 수 있다. 전반적 불안 장애자와 정상인을 대상으로 다이코틱·리스닝 과제로 비교한 결과, 전반적 불안 장애의 사람은, 중립 단어보다 공포어 쪽이 검출의 반응이 길었다(Mathews & MacLeod, 1986). 이와 같이, 다이코틱·리스닝 과제로, 의식 아래에서 행해지고 있는 공포의 인지를 측정할 수 있다.

2. 결 론

    불안은 의식 세계의 혼란 상태이며, 혼란 상태는 심리적 또는 정신적 위협의 결과에 의해 발생된다. DSM-IV에 근거해 분류한 불안 장애의 유형은, 공황 장애, 광장 공포증, 사회적 공포증, 단순한 공포증, 일반 불안 장애, 강박 관념적 장애, 외상 후의 스트레스 장애 등이다. 불안을 지속시키는 원인으로서 어린 시절의 환경을 들 수 있다. 불안 장애자의 부모는 아동의 주장을 억압하는 경향이 있고, 아동에 대한 비판적 태도, 너무 높은 요구 수준, 염려, 걱정을 주입시켜, 아동에게 세상은 위험한 장소라고 믿어 버리게 한다. 그 결과, 광장 공포증이 나타나기도 한다. 잘못된 신념에 의한 부정적 혼잣말, 부모의 학대, 과보호, 비판, 분노, 욕구 좌절, 슬픔, 자신의 감정을 솔직하게 표현할 수 없는 자기주장의 부족은 불안을 불러일으키고, 불안을 지속시킨다. 또 극도의 정신적 긴장감이 있는 생활, 몸의 피로, 생의 목표를 찾아낼 수 없을 때, 자신의 잠재력의 부족함을 느낄 때에도, 공포증이나 불안이 지속된다.

    불안 치료 방법으로서 잘 사용되는 방법은, 행동 요법으로 폭로법,

활발한 운동, 양호한 영양 습관, 부정적 말에 대한 저항 등이 있다. 특히, 공황 장애, 광장 공포, 사회적 공포, 강박증 장애를 극복하기 위해서, 신체적, 행동적, 정서적, 정신적면에 자아 조정을 적용하는 치료법이 있다. 보통, 공포는 5－30분 내에 사라지기 때문에, 격렬한 공포감이 올 때'스치듯 지나치는 것이다'라고 상황을 수용하고 회피하지 않는 것이 중요한 것이다. 목표를 달성하려고 하는 집착을 단념하는 마음가짐도 불안 치료의 하나의 방법이 된다.

3장에서는, 청년기의 정신적 부적응 중에서 우선, 불안을 채택해서, 불안 장애의 진단, 불안의 심리적 원인 및 지속과 치료 요법에 대한 일반적 경향을 고찰했다. 불안은 청년기의 정체성이 확립되지 못하면 자기의 언동에 자신감을 가지지 못하고, 자신감 결핍에 의해 자기를 부정적으로 파악해 불안이 생기는 것이다. 불안이라고 하는 것은, 정체성 혼란을 기점으로 하는 것이기 때문에, 자신 결핍의 해제와 긍정적 자기 인지, 내적 확실감에 의한 자기 거점 확보, 등의 마음의 자세가 증상의 예방을 위해서도 중요하다고 생각할 수 있다. 4장에서는, 청년기의 정체성과 대인 불안과의 인과관계를 검토한다. 이것으로 일본인의 특징이라고 하는 대인 불안이 일본 문화를 반영한 것인지를 조사한다.

제 4 장
한국과 일본의 대학생의 대인불안 비교

요 약

일본과 미국의 비교연구의 결과에서 보고되는 대인 불안이 일본 문화를 반영한 일본인의 특징이라는 의견에 의문을 제기하고, 본 논문에서는 같은 동양 문화인 한국 대학생 272명과 일본의 대학생 250명을 대상으로 비교 문화 연구를 실시했다. 청년기의 발달 과제인 정체성 확립, 공적 자의식, 및 상호의존적 자기라고 하는 3개의 요인을 채택해서, 공변량구조 분석에 의한 대인 불안 발생에 관한 인과관계를 검토했다. 그 결과, 대인 불안을 규정하는 3개의 요인의 영향력에 있어서, 대인 불안이 일본이 한국보다 높은 것으로 나타났지만, 대인 불안에 영향을 주는 3개의 요인의 패스구조에 있어서는 한국과 일본에 공통되는 것으로 나타났다. 즉 대인 불안은 일본인의 특징이라고 하기는 어렵고, 한국과 일본에 공통되는 심리 구조라는 것을 알 수 있었다.

키워드: 대인 불안, 정체성 확립, 공적 자의식, 상호의존적 자기, 청년기

1. 문제와 목적

대인 불안은 청년기에 자각되는 것이 많기 때문에, 청년기의 심성과 밀접하게 관련된 문제로서 논해진다(高橋, 1976). 대인 불안이라는 것은, '개인이 다른 사람과 동석한 자리에서 느끼는 부당하게 강한 불안 및 정신적 긴장으로, 다른 사람에게 경멸받는 것은 아닐까' 하는 염려 때문에 대인관계를 가능한 피하려고 하는 의식으로, 이는 일본 문화를 반영한 일본 특유의 의식(小川·永井·白石·林, 1979a)으로 지적되고 있다. 대인 불안이 높아지는 요인으로서 다음과 같은 것을 생각할 수 있다.

첫째, 정체성 확립이다. Erikson(1959)는, 정체성이 혼란한 청년은, 친밀한 대인관계로 발전하는 것에 있어서, 대인적 융합에 공포감을 느껴, 대인 불안을 나타내는 경향이 있다고 지적한다. 菅原(1972)는, 정체성 형성의 문제와 대인 불안이 관련되어 있다고 지적한다. Erikson(1968)는, 청년기에 달성되어야 할 정체성을, 다른 사람에 대한 자기 의미의 불변성과 연속성에 합치하는 경험으로부터 얻어진 확신이라고 정의하고, 이것을 통해서 청년은 자신이 처해 있는 사회와 현실에서 자기를 명확하게 평가할 수 있다고 설명하고 있다. 정체성을 확립하려면, 다른 사람의 존재가 자기상(self-image)의 형성에 불가결한 요인이지만, 이때 다른 사람에게 보이는 공적 자기와 내적 자기상을 적절하게 조화시켜 나가는 것이 필요하다(Erikson, 1959). 그 사람에 대한 주위 사람의 태도나 행동이 개인의 자기개념을 규정할 수 있지만, 다른 사람에게 반영된 가치 기준이 반드시 자신의 가치 기준과 일치하는 것은 아니다(Cooley, 1920). 거기에는 받아들이는 측의 주체적인 선택이 작용한다. 그러한 선택의 기준이 되는 정체성이 혼란했을 경우에는, 스스로에게 자신감을 가지지 못하고, 다른 사람에게 보이는 이미지를 원활하게 컨트롤할 수 있다고 하는 자신감을 갖지 못하기 때문에 대인 불안이 높아진다고 추측된다.

둘째로, 대인 불안을 높이는 제2의 요인으로서 생각할 수 있는 것이 공적 자의식이다. 菅原(1984)는 공적 자의식(Public self-consciousness)이 높은 사람은 대인 불안도 높다고 지적하고 있다. 공적 자의식은 다른 사람에 의해서 용이하게 관찰 되는, 자신의 외적 측면으로 주의를 향했을 때에 생긴다(Buss, 1980). 공적 자의식이 높은 사람은, 자신이 다른 사람에게 어떻게 보이고 있는지, 다른 사람의 언동·태도 등에 민감하게 반응하고 다른 사람의 시점으로부터 자기를 보게 된다. 공적 자의식이 높아질수록, 다른 사람이 자신을 어떻게 평가하고 있는지가 신경이 쓰여, 특정의 인상을 만들어 내려고 하는 동기가 높아지고, 그 결과, 대인 불안을 느낄 가능성이 증가한다(Fenigstein, 1979). 菅原(1988)는, 공적 자의식의 높은 사람 중에서 일부가, 어떠한 원인으로 대인 불안이 높아진다고 주장하고 있다. Zajonc(1965)는, 공적 자의식의 높은 사람이, 다른 사람의 시선을 받는 것에 대해 보이는 반응은 두 가지로 나타날 수 있다고 지적한다. 즉 적극적인 자기제시 행동을 취하거나, 반대로 방위적, 도피적 행동을 취하는 것이다. 즉 공적 자의식에는, 대인 불안에 대한 직접 효과와 어떠한 변인을 개입해서 영향을 주는 간접 효과가 있다고 예측된다.

공적 자의식이 높은 사람은, 다른 사람의 관점·다른 사람의 가치 기준에서 평가되는 '자기상'과, 자신이 규정하는 '자기상'이 크게 어긋나 그것을 '자기'안에서 공존시키는 것이 어려워진다(谷, 1997). 공적 자기는 정체성 확립에 필요한 '자신에게의 주목'과 '다른 사람에게의 주목' 사이에 불균형을 일으키게 하는 경향이 있고, 높은 공적 자의식과 낮은 정체성 확립이 겹쳤을 때, 보다 대인 불안이 높아진다. 공적 자의식이 높은 사람은, 잠재적으로 대인 불안을 느끼고 있지만, 정체성 확립이 높은 경우에는, 대인 불안은 억제된다. 한편, 정체성 확립이 낮은 경우에는 대인 불안이 높아지게 된다는 것을 예측할 수 있다. 즉 공적 자의식이 대인 불안에 영향을 주는 과정에 있어서, 정체성 확립은 조절 변수로서 직접 효과를 가지는 것과 동시에, 매개변수로서 간접 효과도 가진다고 생각할 수 있다.

마지막으로, 대인 불안과 관련하는 제3의 요인으로서 상호의존적 자기를 들 수 있다. Erikson의 정체성 이론, 및 Buss의 공적 자의식 이론의 관점만으로는, 대인 불안이 미국인에 비해 일본인이 높다고 하는, 대인 불안 의식이 일본 문화의 특유의식이라고 주장하는 일본의 연구자들(小川·永井·白石·林, 1979 a)의 주장을 확인하는 것이 곤란하기 때문에, 문화적인 시점을 고려할 필요가 있다. 일본과 미국을 비교한 연구는, 대인 불안 의식이 일본인에 넓게 침투한 것이며, 일본 문화를 반영한 것이라고 지적했다(e.g., 浦上, 1956, 小川·水井·白石·林, 1979 a). 그러나 상대가 자신을 어떻게 보고 있는지, 불쾌한 인상을 주고 있는 것은 아닐지라고 하는 대인 불안자의 특징적인 고민은, '개인'보다 '관계'를 중시하는 아시아의 문화에 있어서 지극히 흔히 있던'고민'이며, 일본의 문화에 특유의 현상이라고는 할 수 없다.

미국이라는 비교 문화적 관점에서 본 일본의 대인 불안 연구는, 미국 문화의 대립 개념이 일본 문화 그 자체는 아닌데도 불구하고, 미국 대일본의 비교에만 치중해, 아시아 문화에 공통의 특성이 일본만의 것인 것같이 논의를 비약시켜 오해를 부르고 있는 일도 부정할 수 없다. 즉 '미국보다 일본이 대인 불안은 높다'라고 하는 지견으로부터 '대인 불안이 일본 문화를 반영한 일본 특유의 의식이다'라고 논의를 결정하는 것은, 논리의 비약을 부르게 된다. 왜냐하면, 미국 문화의 대립 개념이 일본 문화 그 자체는 아님에도 불구하고, 일본 문화 그 자체처럼 이론을 전개하는 것은, 아시아 문화에 공통되는 특성일 가능성을 배제하게 되기 때문이다.

어느 문화에 대해 역사적으로 공유되고 있는 문화적 자기관에는 상호 의존적 자기(interdependent construal of self)와 상호 독립적 자기(independent construal of self)가 있다(Markus & Kitayama, 1991). 전자는, 개인은 서로 결합되고 있고 개별적이 아니고, 여러 가지 인간 관계의 일부가 되는 것이 중요하다고 여기는 아시아인이 가지고 있는 자기관이다. 후자는, 개인이 각각 다른 사람으로부터 분리하고 있어, 자기는 자립적이고 독립하고 있기 때문에, 개인은 다른 사람으로부터 독립해 독자성을 주장하는 것이 필요하다고 말하는 생각이며, 구미 문화에 잘 볼 수 있는 자기관으로 여겨진다(北山, 1995, Markus & Kitayama, 1991). 구미와 아시아 문화를 대비적으로 파악하는 Markus & Kitayama(1991)의 이론적 범위는 설득력이 있다. 그러나 다른 2개의 문화에 속하는 구성원에게 나타나는 특징이, 상호 의존적과 상호 독립적의 몇 개의 특징으로부터 오는 것이라고 무비판적으로 결론을 이끌 수 없다. 또 '아시아 문화'라고 하는 개념은 지극히 포괄적인 것이며(Han & Oh, 1993), 같은 아시아 문화에 속해도, 문화적 자기관에는 많은 상위가 있는 것이 예측된다.

상호의존적 자기가 우세한 문화에 있어서는, 다른 사람과의 인간관계 안에서의 자기의 측면을 중시해, 타인에게 불쾌감을 주는 것은 아닌지, 미움받는 것은 아닐지라고 하는, 사람으로부터의 평가에 민감하게 되는 것을 생각할 수 있다(浜口, 1977, 南, 1983). 木內(1995)는, 상호의존적 자기가 높은 사람은 공적 자의식도 높은 것을 지적하고 있다. 공적 자의식이 높아지면 다른 사람의 시점으로부터 자기를 보게 된다(Wicklund, 1975). Leary(1983)는, '다른 사람에게 호감을 받고 싶다고 하는 심성', '다른 사람의 평가가 신경 쓰이는 공적 자의식'과 대인 불안과의 관계를 지적하고 있다.

이상으로부터, 대인 불안의 발생을 모델화하면, 다음과 같이 된다. 다른 사람과의 인간관계를 중요시하는 상호의존적 자기는 공적 자의식을 높일 것이다. 공적 자의식은 다른 사람의 평가에 합치하는 특정의 인상을 만들어 내려고 하는 동기부여를 높이고, 높은 공적 자의식에 의해 대인 불안도 높아질 것이다. 또 다른 사람에게 바람직한 인상을 주려고 하는 높은 공적 자의식은 정체성 확립에 필요한 '자기에게의 주목'과 '다른 사람에게의 주목'과의 사이에 불균형을 일으키게 하는 경향이 있고, 높은 공적 자의식과 낮은 정체성 확립이 겹쳤을 경우에 의해 대인 불안이 높아질 것이다(Figure 4.1).

본 논문의 목적은, 대인 불안이 일본인에 많은 일본 문화를 반영한 일본 특유의 의식이라는 의견에 의문을 제기하고, 청년기의 발달 과제인 정체성 확립, 공적 자의식, 및 상호의존적 자기라고 하는 3개의 요인을 취해서, 일본과 한국의 대학생을 대상으로 대인 불안의 인과 구조의 유사점과 차이점을 비교·검토하는 것이다. 대인 불안이 2개의 문화로 공통의 심리적 과정에 근거하는 것이라고 하면, 대인 불안은 일본 특유의 의식이라기보다 한국과 일본에 공통되는 것이라고 이해할 수 있다. 이상으로부터, 대인 불안이 일본 문화를 반영한 일본 특유의 의식이라고 하는 의견에 의문을 제기하고, 청년기의 발달 과제인 정체성 확립, 공적 자의식, 및 상호의존적 자기라고 하는 3개의 요인을 채택해서, 대인 불안 원인이 상호의존적 자의식(interdependence Self-consciousness)으로부터 오는 것인지 아닌지를, 일본과 한국의 대학생을 대상으로 대인 불안의 인과 구조의 유사점과 차이점을 비교·검토한다.

2. 방 법

1) 조사 대상자

조사 대상자는, 일본 동경에 있는 대학생 250명(남자 125명, 여자 125명), 한국 서울에 대학생 272명(남자 133, 여자 139) 합계 522명을 대상으로 조사를 실시했다. 일본과 한국의 조사 대상자 모두 대학 1, 2학년이며, 평균 연령은 일본 19.1세(18-22), 한국 20.4세(19-24)이다.

2) 조사 내용과 절차

질문지 조사는 수업 중에 담당 교원에 의해서 실시되었다. 본 논문에서는 일본어로 작성된 척도를 한국어로 번역해서 척도로 사용했다. 때문에 한국어를 다시 일본어로 고치는 백 트랜슬레이션 작업을 실시했다. 백 트랜슬레이션 작업에 의해 문화차이를 초월하는 것에는 한계가 있지만, 번역-역번역의 과정에서 번역된 척도가 원척도에 최대한 가깝게 되게 하기 위해서 신중하게 수차의 재번역을 실시했다. 번역한 한국어와 일본어의 내용의 일치에 대해서는 일본어를 전공하고 있는 한국의 대학원생 2명이 검토했다. 본 논문에서는, 일본어판 척도를 한국의 학생을 대상으로 실시했기 때문에, 한국어판 척도의 내용적 타당성이 문제로 여겨진다. 거기서, 일본어판 척도와 한국어판 척도의 내용이 동일한가에 대해서, 필자와 한국의 심리 측정 전문가가 협력해서, 양쪽 모두의 척도가 심리적으로 의미가 동일함을 확인했다.

3) 대인 불안과 관련 척도

(1) 대인 불안 척도

일본과 미국의 비교에 사용된 '대인 불안 질문표'와 같은 척도를 본 논문은 한국과 일본의 비교에도 이용하는 것으로, 대인 불안의 측정에 일관성을 유지하기로 했다. 본 조사에서는, 대인 불안 의식

117항목 가운데,'사람이 많이 있는 장소에는 부끄러워서 이야기할 수 없다', '많은 사람들과 마주 보면서 이야기하는 것이 서투르다', '자신이 사람에게 어떻게 보이고 있는지, 고심한다' 등이 같은, 사람에게 어떻게 보이고 있는지에 심하게 구애되는 일반 사람들에게 잘 인정되는'대인 장면에서 개인이 경험하는 불안감'이라고 하는 대인 불안의 고민 37문항을 발췌했다. 문항의 추출에 있어서는 심리학을 전공하는 대학원생 3명과 논의한 결과, 최종적으로 37문항을 선택해 이용하기로 했다. 질문 문항에는, '매우 들어맞는다', '조금 들어 맞는다', '들어맞지 않는다', '전혀 들어맞지 않는다'라고 하는 4점 척도법으로 회답을 요구해서 순서에 따라 4~1점의 득점을 할당했다. 득점은 모두, 역전 문항의 방향을 가지런히 한 다음, 평균치를 산출했다(이하의 척도도 마찬가지이다).

(2) 정체성 확립

본 논문에서는, Rasmussen(1964)의 일본어 번안판인 宮下(1987)의 정체성 척도(Erikson에 의한 점성발달 이론 도식의 6단계, 즉 기본적 신뢰 대 불신으로부터 친밀성 대 고립까지 각각 12문항이 배치되어 있다)를 이용하기로 했다. 본 논문에서는, 72문항 중 정체성 달성도를 측정하는 제Ⅴ단계(정체성 대 정체성 확산) 12문항을 이용하기로 했다. 질문 문항에 대해서는, '매우 들어맞는다', '대체로 들어맞는다', '약간 들어맞는다', '잘 모른다', '조금 들어맞지 않는다', '매우 들어맞는다', '전혀 들어맞지 않는다'라고 하는 7점 척도법으로 회답을 구해서 순서에 따라 7~1점의 득점을 할당했다.

(3) 상호의존적 자기 척도

본 논문에는, 16문항으로 구성된 木內(1995)의 상호독립적 자기·상호의존적 척도를 이용하기로 했다. 木內의 척도에서는, 'A에 딱 들어맞는다', 'A에 가깝다', 'B에 가깝다', 'B에 딱 들어맞는다'라고 하는 4개의 선택사항에 순서에 4~1점을 주어 척도 득점이 높으면, 상호의존적 자기가 우세하고, 낮으면 독립적 자기가 우세한 것으로 되어 있다('A: 개성을 발휘한다', 'B: 협조성을 존중한다', 'A: 자신의 기분에 정직한 태도를 취한다', 'B: 주위의 사람에 맞춘 태도를 취한다'와 같은 문항으로 구성되어 A가 상호의존적 자기의 문항이며, B가 독립적 자기의 문항이 되어 있다). 본 논문에서는, 상호 독립 자기의 반전(reverse coding)이 상호의존적 자기의 개념이 아니고(高田, 1999), 서로 독립한 다른 차원의 개념이라고 보고, 상호 독립 자기는 고려하지 않고, 상호의존적 자기 득점만을 산출했다(A가 상호의존적 자기의 고득점이며, B가 상호의존적 자기의 저득점이 된다). 질문 문항에 대해서는, '매우 들어맞는다', '조금 들어맞는다', '들어맞지 않는다', '전혀 들어맞지 않는다'라고 하는 4점 척도법으로 회답을 구해서 순서에 따라 4~1점의 득점을 할당했다(이하, 본 논문에서는 木內의 상호 독립적 자기·상호의존적 자기 척도를 상호의존적 자기 척도라고 표기한다).

(4) 공적 자의식 척도

본 논문에서는, Fenigstein(1979)의 자의식 척도의 일본어 번안판인

菅原(1984)의 자의식 척도의 26문항 중에서, 공적 자의식 문항인 11
항목을 발췌해 이용하기로 했다. 질문 문항에 대해서는, '매우 들어
맞는다', '약간 들어맞는다', '어느 쪽이라고도 할 수 없다', '약간 들
어맞지 않는다', '전혀 들어맞지 않는다'라고 하는 5점 척도법으로
회답을 구해서 순서에 5~1점의 득점을 할당했다.

3. 결 과

1) 척도 구성과 척도 득점의 분석

(1) 대인 불안 척도

일본・미국의 비교에 사용된 小川, 木村 & 林(1979 b)의 '대인 불안 질문표'와 같은 척도를 본 논문은 한국과 일본의 비교에도 이용함으로써, 대인 불안 측정에 일관성을 유지하기로 했다. 제1요인의 기여율은, 한국에서 30.13%, 일본에서 33.62%이었다. Cronbach의 α 계수는 한국에서는 93, 일본에서는 92이었다.

일본판의 질문지를 이용한 본 논문에서는, 번역의 프로세스를 거친 후, 한국에서의 이용 가능성을 검토하기 위해서, 대인 불안의 37 문항에 대해 한국과 일본의 척도를 주축요인법에 의한 요인 분석을 실시했다. 제1요인의 기여율은, 한국에서 30.13%이며, 일본에서 33.62% 였다. 주축요인법의 회전 전에 있어 1.0 이상의 값을 가지는 요인은,

고유치가 높은 것으로부터 순서대로 한국에서 12.40, 2.52, 2.10, 일본에서는 12.54, 2.52, 1.95이었다. 양국 모두 1 요인과 2 요인의 사이에 고유치의 격차가 크기 때문에, 1 요인의 구조의 가능성이 시사되었다. 요인 부하량이 40보다 낮은 문항과 복수의 요인에 부하하고 있는 문항을 제외하고, 공통성이 15 이상의 문항을 선택했다. 이 조건을 충족시킨 것은, 한국에서 35문항, 일본에서 32문항이었다. 이러한 일관성을 유지하기 위해서 양국에 있어서 공통되는 31문항을 채택했다. 이러한 문항에 의해, 한국과 일본 모두'집단에 용해되지 않고, 자유롭게 행동할 수 없기 때문에 대인 장면에 대해 개인이 경험하는 불안감'을 측정하고 있다고 판단되었다. 31문항의 합계 득점을 평균해서 척도의 득점으로 했다. Cronbach의 α계수는 한국에서는 93, 일본에서는 92이었다.

(2) 정체성 척도

본 논문에서는, Rasmussen(1964)의 일본어 번안판 宮本(1987)의 정체성 척도(Erikson에 의한 점성발달 이론 도식의 6단계, 즉 기본적 신뢰에 대한 불신으로부터 친밀성에 대한 고립까지 각각 12문항이 배치되어 있다)를 이용하기로 했다. 제1요인의 기여율은, 한국에서는 28.08%이며, 일본에서는 25.92%이었다. α계수는 한국에서는 65, 일본에서는 67이었다.

정체확립 12문항에 대해 대인 불안과 같은 분석을 실시했다. 제1요인의 기여율은, 한국에서는 28.08%이며, 일본에서는 25.92%이었다. 회전 전의 요인의 고유치는, 한국에서는 3.95, 1.21이며, 일본에서는 4.28, 1.27이었다. 한국과 일본의 제1요인의 부하량이 40 이상, 및 공통성이 .15 이상의 문항을 선택했다. 한국 / 일본의 순서에 대표적인 문항과 요인 부하량은, '잘 과제를 완수했을 때조차, 다른 사람은 내가 한 일을 이해하거나 인정해 주지 않는다고 생각된다'(.58 / .61), '지금과 다른 얼굴, 몸매였으면 하는 바람은 좀처럼 없다'(.52 / .45)이었다. 5문항의 득점을 평균해 척도의 득점을 구했다. α계수는 한국에서는 65, 일본에서는 67이었다.

(3) 상호의존적 자기 척도

본 논문에서는, 16문항으로부터 구성되어 있는 木內(1995)의 상호독립적 자기 · 상호의존적 척도를 이용하기로 했다. 제1요인의 기여율은, 한국에서 23.17%이며, 일본에서 22.88%였다. α계수는 한국에서는 75이며, 일본에서는 74이었다.

木內의 상호의존적 자기 16문항에 있어서도 같은 분석을 실시했다. 제1요인의 기여율은, 한국에서 23.17%이며, 일본에서 22.88%였다. 회전 전의 요인의 고유치는, 한국에서는 3.95, 1.21이며, 일본에서는 4.28, 1.27이었다. 제1요인의 부하량이 40 이상, 공통성 15 이상으로, 양국에 공통되는 10문항을 채택해 이용하기로 했다. 10문항의 득점을 평균해 척도의 득점을 구했다. α계수는 한국에서는 75이며, 일본에서는 74이었다.

Table 4.1 2요인 분석에 의한 척도의 평균 · 표준편차 · 신뢰도

	성별	한국 (N=272)		일본(N=250)		F값 $d\,f=1/518$			한국	일본	
		평균치	표준편차	평균치	표준편차	국차	성차	교호 작용	α계수	α계수	문항 수
대인불안	男性	1.99	0.45	2.40	0.47						
	女性	2.05	0.39	2.38	0.49	71.22**	n.s.	n.s.	0.93	0.92	31
	全体	2.02	0.42	2.39	0.48						
정체성확립	男性	4.81	0.98	4.44	1.07						
	女性	4.55	1.01	4.00	1.04	24.85**	12.71**	n.s.	0.65	0.67	5
	全体	4.68	1.00	4.22	1.08						
공적자기	男性	2.49	0.66	3.50	0.77						
	女性	2.62	0.72	3.61	0.63	215.88**	n.s.	n.s.	0.84	0.84	9
	全体	2.56	0.69	3.56	0.70						
상호의존	男性	2.45	0.40	2.66	0.51						
	女性	2.49	0.45	2.62	0.43	14.77**	n.s.	n.s.	0.75	0.74	10
	全体	2.47	0.43	2.64	0.47						

**$p<.01$

(4) 공적 자의식 척도

본 논문에서는, Fenigstein(1979)의 자의식 척도의 일본어 번안판인 菅原(1984)의 자의식 척도의 26문항에서, 공적 자의식 문항인 11문항을 발췌해서 이용하기로 했다. 제1요인의 기여율은, 한국에서 37.84%이며, 일본에서 37.87이었다. α계수는 한국에서는 84, 일본에서는 84라고 하는 값을 얻을 수 있었다. 이상 4개의 척도의 신뢰성을 검토한 결과, 정체성 확립 척도의 Cronbach α계수는 그다지 높다고 할 수 없지만, 다른 3개의 척도와 함께 사용하기에 척도로서의 내적 정합성은 확보되었다고 판단할 수 있다(Table 4-1).

공적 자의식의 11문항에 대해서 같은 분석을 실시했다. 제1요인의 기여율은, 한국에서 37.84%이며, 일본에서 37.87%이었다. 회전 전에 있어 1.0 이상의 고유치를 가진 요인은 한국과 일본에 1개밖에 없고, 값은 각각 3.71으로 3.51이었다. 제1요인의 부하량이 40 이상, 및 공통성이 15 이상을 기준으로서 일관성을 유지하기 위해서 양국에 있어서 공통되는 9문항을 채택해 이용하기로 했다. 9 문항의 득점을 평균해 척도 득점을 구했다. α계수는 한국에서는 84, 일본에서는 84라고 하는 값을 얻을 수 있었다. 이상 4개의 척도의 신뢰성을 검토한 결과, 정체성 확립 척도 Cronbach의 α계수는 그다지 높지 않지만, 대체로 다른 3개의 척도와 함께 척도로서의 내적 정합성은 확보되었다고 판단할 수 있다(Table 4.1)

2) 대인 불안과 다른 척도와의 상관

　본 논문의 목적인, 대인 불안 경향과 상호의존적 자기, 공적 자의식, 정체성 확립과의 관계를 검토하기 위해서, 피아슨의 상관계수를 산출했다. 국가별로 유의차를 볼 수 있었기 때문에, 한국과 일본에 있어서 각 척도의 상관계수를 검토했다. 양국 모두 정체성 확립은 대인 불안, 상호 의존적 자기, 공적 자의식의 어느 것에도 의미가 있는 부의 상관을 나타내고 있었다. 대인 불안과 공적 자의식, 및 상호의존적 자기와의 사이에 의미가 있는 정의 상관을 볼 수 있었다. 공적 자의식과 대인 불안 의식과의 사이에 높은 정의 상관을 볼 수 있었다(일본: r＝.58, p<.01, 한국: r＝.51, p<.01), 상호의존적 자기와 공적 자의식과의 사이에 높은 정의 상관(일본: r＝.41, p<.01, 한국: r＝.45, p<.01)이 나타났다.

　이상의 결과를 정리하면, 양국 모두 대인 불안은 공적 자의식 및 상호의존적 자기와 정의 상관, 정체성 확립과는 부의 상관이 있었고, 각각의 척도는 대인 불안과 깊게 관련하고 있는 것이 나타났다(Table 4.2).

Table 4.2 한국·일본에 있어서의 각 척도의 상관

	대인 불안	정체성 확립	공적 자기	상호의존
대안불안	–	−0.28**	0.58**	0.46*
정체성 확립	−0.49**	–	−0.22**	−0.20*
공적 자기	0.51**	−0.43**	–	0.41*
상호의존	0.31*	−0.28*	0.45*	–

**p<.01   *p<.05
注: 하단은 한국의 수치, 상단은 일본의 수치

3) 국가와 성별에 의한 차이의 검토

국가와 성별에 의한 평균치의 차이를 검토하기 위해서 각 척도의 득점에 대해서, 국가와 성별을 요인으로 하는 2원 배치의 분산 분석을 실시했다. 그 결과, 나라의 주 효과는 모두 1% 수준으로 의미가 있었다(대인 불안: $F(1,518)=71.22$, 정체성 확립: $F(1,518)=24.85$, 공적 자의식: $F(1,518)=215.88$, 상호의존은 $F(1,518)=14.77$). 대인 불안, 공적 자의식과 상호의존적 자기는 일본이 높고, 정체성 확립의 득점은 한국이 높았다. 성별의 주 효과는, 정체성 확립만 의미가 있었다(정체성 확립: $F(1,518)=12.71$, $p<.01$, 남>녀).

가. 공적 자의식, 정체성 확립, 대인 불안의 관계에 관한 LSD 분석에 의한 검토

'공적 자의식은 대인 불안을 일으키는 경향은 있지만, 공적 자의식이 높다고 해서 반드시 대인 불안이 높아지는 것은 아니다. 공적 자의식이 높은 개인이 정체성 확립이 낮은 경우에 대인 불안이 가장 높아진다' 이를 검증하기 위해서, 공적 자기, 정체성 확립이라고 하는 2개의 변수의 평균치를 상위군과 하위군으로 나누어 그 편성을 다음과 같이 L-L(공적 자의식저, 정체성 확립저)군, H-H (공적 자의식이고, 정체성 확립이고)군, L-H(공적 자의식저, 정체성 확립이고)군, H-L(공적 자의식이고, 정체성 확립저)군이라고 하는 4개의 군으로 분류했다. 대인 불안을 종속변수로 해서 한국과 일본으로 나눈 후 분산분석을 실시했다. 다중 비교는 LSD법을 이용했다. 그 결과, 각 군의 주 효과는 유의차를 보였다(한국: F(3,88)=3.50, p<.01, 일본: F(3,85)=2.40, p<.01).

한국에서의 다중 비교의 결과는, H-L>H-H=L-L>L-H(MSe=.32) 이었다(이후, 다중 비교의 결과 4군에서 나타난 유의차는 부등호 「>」로, 유의차가 없는 것은 등호 「=」을 이용해 표시한다). 일본에서의 다중 비교의 결과는, H-L>L-L=H-H>L-H(MSe=.27) 이었다. 다중 비교의 결과, 양국 모두 대인 불안이 가장 높은 군은, 다른 3개의 군과의 사이에 유의차(p<.01)를 나타낸 H-L군(한국: M=2.25, SD=.34, N=30, 일본: M=2.50, SD=.29, N=27), 대인 불안이 가장 낮은 군은 L-H군(한국: M=2.01, SD=.34, N=25, 일본: M=2.28, SD=.35, N=23)이었다.

나. 경로분석에 의한 모델의 검토

대인 불안의 인과구조에 관해서 다음과 같은 가설을 검토한다. '상호의존적 자기는, 공적 자의식에 영향을 주어 대인 불안을 발생시킨다.' 또 다른 사람에게 바람직한 인상을 주려고 하는 높은 공적 자의식은 정체성 확립에 필요한 '자신에게의 주목'과 '다른 사람에게의 주목' 사이에 불균형을 일으키게 하는 경향이 있다고 하는 인과 모델을 가정해서 분석을 실시했다. 대인 불안은 일본 문화를 반영한 일본의 의식인지, 그렇지 않으면 한국과 일본에 공통되는 것인지, 또 한국과 일본에 공통되는 경우라면, 문화차이로부터 생기는 대인 불안을 규정하는 3개의 요인의 영향력의 차이점은 있는지에 대해서 검토하기로 했다(Figure 1).

본 논문에서는, 대인 불안에 영향을 주는 3개의 요인의 패스가 한국과 일본에 똑같이 작용하고 있는지 어떤지를 검증하기 위해서, 다 모집단의 동시 분석을 실시했다. 상호의존적 자기로부터 정체성 확립에의 패스계수는 한국에서—0.11(C.R. = −1.57), 일본에서—0.13(C.R. = −1.70)되어, 양국 모두 인과 계수는 유의차가 없다고 해석할 수 있다. 가설대로, 상호의존적 자기로부터 정체성 확립에의 패스 계수 이외의 모든 패스계수가 통계적으로 유의(p<.05)했다.

다음, 양국에 공통되는 패스를 대상으로 한국과 일본에 있어서 대인 불안에 미치는 3개의 요인의 파라미터 간에 차이가 있는지에 대한 검토를 했다. 공적 자의식으로부터 대인 불안에의 패스(C.R. = 2.70), 공적 자의식으로부터 정체성 확립에의 패스(C.R. = 1.98), 정체성 확립으로부터 대인 불안에의 패스(C.R. = 1.97)라고 하는 한일의 차이가 5% 수준으로 유의차가 있었다. 상호의존적 자기로부터 공적 자의식에의 패스(C.R.＝0.67)에서는 유의차가 없다는 것을 알았다.

　여기까지의 결과로부터, 한국과 일본에 있어 상호의존적 자기로부터 정체성 확립에 이르는 패스계수는 0이 아닐까, 또 상호의존적 자기로부터 공적 자의식까지의 파라미터에는 유의차가 없으니, 등치제약을 부과하는 것이 좋지 않을까라고 하는 2개의 포인트가 발견되었다. 그러나 상호의존적 자기로부터 정체성 확립 패스 계수를 0에 고정한 모델이 최선이 되는 것도 아니고, 또는, 상호의존적 자기로부터 공적 자의식의 패스에 등치제약을 부과한 모델이 최선이 되는 것은 아니다. 왜냐하면, 패스 계수를 0에 고정한 결과는, 등치제약을 부과하지 않은 모델에 있어서의 검정 결과이며, 동시에, 등치제약을 부과한 모델의 검정 결과도, 패스 계수를 개방한 모델에 있어서의 검정 결과이기 때문이다.

　양쪽 모두의 조건이 충족되었을 때의 검정을 실시하지 않은 데 문제가 있다. 그 때문에 4개의 모델을 만들어 비교한다. 모델 1(아무런 제약도 가하지 않은 모델), 모델 2(상호의존적 자기로부터 공적 자의식까지의 파라미터에 등치제약을 부과한 모델), 모델 3(상호의존적 자기로부터 정체성 확립까지의 계수를 0에 고정한 모델), 모델 4(모델 2에 모델 3의 조건을 더한 모델)이다.

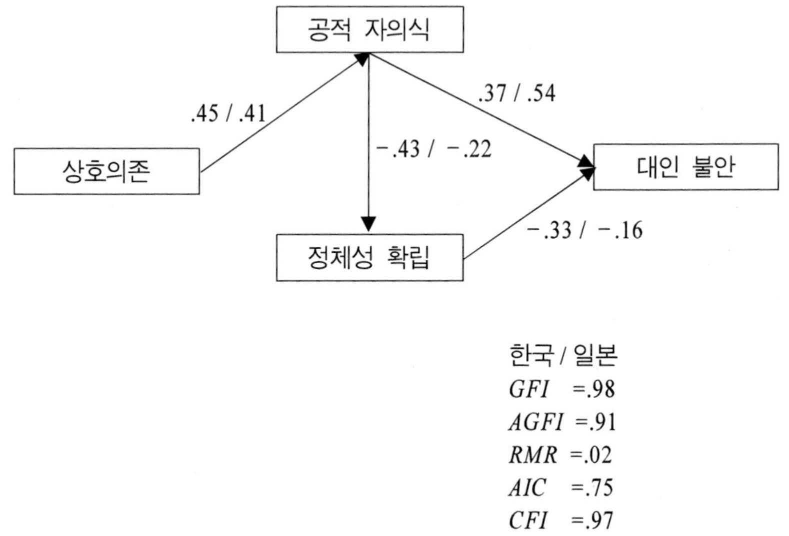

Figure 4.1 대인 불안의 경로구조(일본 · 한국의 비교)

적합도의 결과가 다음과 같이 나타났다. 모델1 / 모델2 / 모델3 / 모델 4의 순서에 *GFI*: .986 / .981 / .978 / .973, *AGFI*: .919 / .908 / .901 / .911;*CFI*: .978 / .974 / .960 / .958;*AIC*:44.437 / 45.751 / 49.448 / 49.272이 었다. 모델 1을 기준으로 했을 경우, 모델 2와는 $\chi^2(1)=3.64$, *n.s*; 모델 3과는 $\chi^2(2)=6.78$, *p*<.05, 모델 4와는 $\chi^2(3)=10.41$, *p*<.05이었다. 파라 미터를 고정해 구속을 어렵게 한 모델과 그렇지 않은 모델의 사이에 차이가 없는 경우에는, 파라미터를 고정해도 데이터와 적합하고 있기 때문에, 구속 조건이 엄격한 모델을 채택한다. 여기에서는 영가설이 채택되어 모델 2를 선택한다. 모델 3을 기준으로 해서 모델 4와 비교한 결과, $\chi^2(1)=3.64$, *n.s*이었다. 여기에서는 영가설이 채택되어 모델 4를

선택한다. 모델 2를 기준으로 해 모델 4와 비교한 결과, $\chi^2(2) = 6.78$, $p<.05$이었다. 여기에서는 대립 가설이 채택되어 모델 2를 선택한다. 추정하는 파라미터의 수를 고려해서, 적합도의 수치로부터 종합적으로 판단하면, 모델 2가 양쪽 모두의 조건을 충족시킨 최선의 모델이라고 판단되었다. 모델 2의 *GFI*는. 98, *AGFI*는 91, *CFI*는 97, *AIC*는 45.75, *RMR*는 02이었다. 따라서 모델의 적합성은 충분하다고 할 수 있다. 대인 불안에 대한 3개의 요인의 패스가 양국에 공통되는 것으로 한국과 일본의 대인 불안의 심리 구조는 같다는 것이 검증되었다.

모델 2의 패스 그림으로부터 한국과 일본의 특징을 살펴보면, 한국은 대인 불안에 대한 공적 자의식의 직접 효과(β)는 37이며, 정체성 확립을 매개로 해서 대인 불안에 영향을 주는 공적 자의식의 간접 효과(β)는 14이었다. 공적 자의식의 영향을 받은 정체성 확립은 대인 불안을 억제하는 효과($\beta = -.33$)를 나타냈다. 이것에 대해서 일본은 대인 불안에 대한 공적 자의식의 직접 효과(β)는 54이며, 공적 자의식이 정체성 확립을 매개로 해서 대인 불안에 영향을 주는 간접 효과($\beta = .03$)는 약하고, 공적 자의식의 영향을 받은 정체성 확립은 대인 불안을 억제하는 효과($\beta = -.16$)을 나타냈다.

상호의존적 자기로부터 공적 자의식에의 영향력의 크기는 한국과 일본에 있어서 동일한 것과 상호의존적 자기로부터 정체성 확립에의 영향력은 없다는 것이 검증되었다. 상호의존적 자기로부터 대인 불안에 대한 직접효과는 볼 수 없었지만, 공적 자의식과 정체성 확립을 매개로 해 대인 불안에 미치는 간접효과는 한국과 일본 모두($\beta = .23$)이었다.

4. 고 찰

　　대인 불안에 대한 지금까지의 일본의 연구는 미국 문화에 대한 일본 문화라고 하는 관점으로부터 어프로치 하고 있던 것에 비해서, 본 논문은 대인 불안을 같은 아시아 문화인 한국과 일본을 대상으로 비교 분석을 실시했다. 본 논문의 결과는, '높은 상호의존적 자기는 공적 자의식을 높인다. 공적 자의식이 높아지면 다른 사람의 시점으로부터 자기를 보게 되어(Wicklund, 1975), 높은 공적 자의식과 낮은 정체성 확립이 겹쳤을 경우에 의해 대인 불안이 높아진다'라고 하는 것이었다. 공적 자의식은 대인 불안을 일으키는 경향은 있지만, 공적 자의식이 높아도 정체성이 높은 경우에는 대인 불안은 높아지지 않고, 정체성 확립이 낮은 경우에 대인 불안이 높아지는 것이 검증되었다.

　　경로분석으로 한국과 일본의 파라미터 간의 차이를 비교한 결과, 공적 자의식에 대한 상호의존적 자기의 영향력은 양국에 있어 차이가 나타나지 않았다. 그러나 대인 불안에 대한 정체성 확립의 억제 효과는 한국보다 일본이 약했다. 또 대인 불안에 대한 공적 자의식의 촉진 효과는 한국보다 일본이 강하다고 해석할 수 있다. 한국의 결과에서는, 대인 불안에 대한 공적 자의식의 정의 효과뿐만이 아니라, 정체성 확립이 대인 불안에 대해서 강한 부의 영향력을 가지고 있는 것이 나타났다. 한국에 있어서는, 공적 자의식의 영향이 있기에도 관계없이, 대인 불안이 현저하게 높아지지 않았던 것은, 정체성 확립에 의한 강한 억제 효과가 있기 때문이라고 생각할 수 있다. 이 것에 비해서, 일본의 경우에는, 대인 불안을 촉진하는 공적 자의식이 강한 직접 효과를 나타내는 데 비해, 대인 불안을 억제하는 정체성 확립의 효과는 상대적으로 약하고, 공적 자의식의 촉진 작용으로 대인 불안이 높아지고 있었다. 일본의 결과에서는, 대인 불안을 촉진하는 공적 자의식의 효과에 비해 대인 불안을 억제하는 정체성 확립의 효과는 상대적으로 약했다.

이상의 양국의 결과로부터 다음과 같은 결론을 찾아낼 수 있다. 정체성이 확립되어 자신에 대한 확신을 가지고 있는 경우와 낮은 공적 자의식이 겹치는 경우에는, 공적 자의식은 다른 사람들로부터 받는 시선에 대해 적극적인 반응으로 대처해서, 대인 불안이 억제된다고 생각할 수 있다. 즉 정체성이 확립되었을 경우에 공적 자의식은, '방위적 도피적 행동'보다 '적극적인 자기 제시 행동'으로 향하는 것이 시사되었다. 또 자신에게 자신을 가질 수 없는 정체성 확립이 낮은 경우와 높은 공적 자의식이 겹치는 경우에는, 공적 자의식은 적극적인 방향으로 전환되지 못하고, 네거티브 방향을 향하게 되어, 대인 불안이 높아진다고 생각할 수 있다. 양국에 있어 '상호의존적 자기는 공적 자의식에 영향을 주어 대인 불안을 가져온다, 또 높은 공적 자의식과 낮은 정체성 확립이 겹쳤을 경우에 의해 대인 불안이 높아진다'라고 하는 패스가 검증되었다. 양국 모두 상호의존적 자기는 대인 불안하게 직접 기여하는 것은 아니지만, 공적 자의식과 정체성 확립을 매개하는 것에 의해서 대인 불안에 영향을 주는 것이 시사되었다.

이상의 결과를 종합하면, 대인 불안이 일본이 높았던 것은, 상호의존적 자기관이 높은 문화에 원인이 있다고 하기보다는, 공적 자의식, 및 정체성 확립의 상호작용이 영향을 주고 있다고 해석할 수 있다. 또 대인 불안을 규정하는 3요인의 영향력의 차이는 인정되었지만, 패스 구조는 한국과 일본에 있어 같다고 하는 것이 검증되었다. 즉 한국과 일본에 있어 파라미터 간의 양적 상위는 있다고 해도, '상호의존적 자기로부터 대인 불안에 이르기'까지의 모델의 구조는, 문화차이를 넘어 기본적으로 같은 구조인 것이 시사되었다. 따라서 대인 불안은 일본인 특유의 의식이라고는 말하기 어렵고, 한국과 일본에 공통될 가능성이 시사되었다.

이 결과를 어떻게 해석할 수 있을까. 한국의 사회는 면목을 중시하는 상호의존적 자기관을 가지고 있다(최, 1993)고 지적되는 것에도 불구하고, 대인 불안은 일본보다 한국이 낮았다. 高田(1993)에 의하면, 상호의존적 자기·상호 독립 자기라고 하는 것은, 자신이 속하는 각각의 상호 의존적 문화·상호 독립적 문화의 영향을 받아서 형성되는 것이다. 개인 중에는, 상호의존적 자기와 상호독립적 자기가 공존하고 있어, 어느 쪽이든 우세한 자기에 의해 개인의 행동이 결정된다(木內, 1995). 어떠한 개인도 그 양자의 자기관을 가질 수 있다고 한다면, 한국과 일본이 같은 상호의존적 문화에 속해 있어도, 한국 대학생의 자기 중에는 상호의존적 자기보다 상호 독립적 자기가 우세할 가능성도 있다.

일본의 공적 자의식의 득점은 높고, 정체성 확립의 득점은 한국이 높다고 하는 결과는, 일본의 대학생에 비해 한국이 직업 영역·가치관 영역에 걸쳐 정체성이 확립되어 있다고 보고한 Park(1996)의 주장과 일치하고 있다. 이것은 한국의 사회적 상황, 부모와 자식의 정, 가족 관계로부터 그 이유를 탐색할 수 있을지도 모른다. Parker(1979)가, 사회 공포증 환자를 조사했는데'그 대부분이 부모의 양육 태도에 대해서, 애정이 부족하고 과보호라는 인상을 가지고 있다'라고 보고하고 있다. 또 애정을 받아 부모에 대해서 만족감을 느끼고 있는 사람은, 부모와 떨어져 있어도, 그 대인 세계에 대해서 신뢰감을 갖고 만족감을 느껴 높은 자존심을 가질 수 있다(近藤, 1996). 부모의 충분한 애정을 받고, 가족과 애정 관계를 유지할 수 있는 청년은, 높은 자아 정체성 확립을 나타내고 있었다(Jacobson et al., 1975, Adams et al., 1987). 이러한 관점에서 보면, 가족과 부모와 자식의 정을 중시하는 한국 대학생의 의식 구조와 사회 상황이 청년기의 정체성 확립에 영향을 주는 것을 생각할 수 있다.

특히, 한국의 남자 대학생이 여자대학생보다 정체성 확립이 높았던 것은, 한국의 사회가 성인으로서 요구하는 군대 징병이라고 하는 역할을 완수하는 시기에 도달해 있는 것, 즉 한국 사회의 특수 상황이 정체성 확립을 재촉하는 요인이 되고 있는 것을 생각할 수 있다. 또 졸업 후, 어려운 현실을 향해 남자로서의 자신의 삶의 방법을 확립하는 필요성을 자각하고 있는 것도 하나의 요인으로서 생각할 수 있을 것이다. 게다가 한국과 일본의 대상자는 같은 대학 1, 2년생이었지만, 한국의 초등학교의 입학 연령이 일본보다 1년 늦기 때문에,

양자에게는 1년의 연령 차이가 있다. 이 연령 차이도 정체성 확립에 관련하는 요인으로서 무시할 수 없을 것이다.

한편, 일본인의 자기의 특징은, 자타의 구별의 애매함, 독립 주체로서의 '개'의 약함, 상호의존성, 그리고 강한 다른 사람 지향성(柏木, 1983, 高田, 1995)이며, 자기 불확실감(南, 1983)이라는 지적도 있다. 또 독립한 주체로서의 개의 의식의 약함이 특징인 것도 지적되고 있다(高田·丹野·渡辺, 1987). 이러한, 일본 사회의 자기의 본연의 자세가 청년기의 정체성 확립을 저해해서 대인 불안을 높이는 요소가 된다고 생각된다.

즉 같은 상호의존적 문화이어도 일본의 대학생이 한국의 대학생보다 대인 불안이 높은 것은, 사회규범에 따르지 않을 경우에 몹시 비난을 받는 것(Triandis, 1989), 상대적으로보다 정밀한 사회규범, 집단에 수용되기 위한 동조 경향이 강한 것(土居, 1971) 등, 개인의 의식의 약함을 특징으로 하는 일본 사회의 상호의존적 의식이 공적 자의식을 고양시켜, 독립한 주체로서 생각하는 개인의 정체성을 약화시키는 것에 기인하고 있는 것은 아닐까.

정체성 확립이 낮기 때문에, 공적 자의식이 높아지는지, 그렇지 않으면, 반대로 높은 공적 자의식이 정체성 확립에 필요한 '자기에게의 주목'과 '다른 사람에게의 주목'이라는 사이에 불균형을 일으키게 해서 대인 불안을 높이는지를 확인한 결과, 전자의 모델보다, 후자의 모델이 보다 적절했다. 구조 방정식 모델링(structural equation modeling; 이하 SEM라고 적는다)에서는, 상관 데이터의 결과로부터 모델에 패스 선이 성립된다고 해도 제안된 모델만이 인과관계를 나타낸다고는 말하기 어렵다. 제안된 모델 이외에도, 통제할 수 없는 제3변수의 영향에 의해 다른 적절한 모델의 존재의 가능성이 상정된다. 본 논문의 결과는 가설에 정합하는 데이터로부터 얻을 수 있었지만, 향후의 과제로서 본 논문으로 채택한 요인뿐만이 아니고, 제3요인의 영향을 포함한 인과관계를 특정하는 연구가 한층 더 필요하다고 생각된다.

　본 장에서는, 청년기에 초점을 두고, 대인 불안을 규정하는 정체성 확립, 공적 자의식, 상호의존적 자기라고 하는 3개의 요인을 채택해 요인 사이의 관계를 비교했다. 결과, '높은 상호의존적 자기는 공적 자의식을 높인다. 공적 자의식이 높아지면 다른 사람의 시점으로부터 자기를 보게 되어(Wicklund, 1975), 높은 공적 자의식과 낮은 정체성 확립이 겹쳤을 경우에 의해 대인 불안이 높아진다'라는 인과관계가 성립되었다. 공적 자의식은 대인 불안을 일으키는 경향은 있지만, 공적 자의식이 높아도 정체성 확립이 높은 경우에는 대인 불안은 높아지지 않고, 정체성 확립이 낮은 경우에 대인 불안이 높아지는 것이 검증되었다. 경로분석으로 한국과 일본의 파라미터 간의 차이를 비교한 결과, 공적 자의식에 대한 상호의존적 자기의 영향력은 양국에 있고 차이는 볼 수 없었다. 그러나 대인 불안에 대한 정체성 확립의 억제 효과는 한국보다 일본이 약했다. 또 대인 불안에 대한 공적 자의식의 촉진 효과는 한국보다 일본이 강하다고 해석할 수 있다. 이 결과로부터, 가족과 부모와 자식의 정을 중시하는 한국 대학생의 의식 구조와 사회 상황이 청년기의 정체성 확립에 영향을 주는 것도 생각할 수 있다. 본 장에서부터 예측된 가족 구조, 정, 인간관계의 표리 등이 같은 것이 정체성 확립에 관여한다고 할 가능성은, 8장으로 한층 더 다각적 검토한다. 또 정체성은 안정적인 것이 아니고, 발달 과제가 달성되는 것에 의해서 대인 불안의 정도도 낮아질 것으로 예상된다. 향후는, 대학생층에게만 한정하지 않고, 다각적 시점에서 접근하는 연구나, 중학생, 고교생 혹은 성인기의 대인 불안 발생의 메커니즘에 대한 여러 가지 요인을 도입한 연구가 필요하다. 5장에서는, 청년기의 정신적 부적응 중에서 불안과 공존해서 나타나는 현상이 높은 우울에 관해서 개관한다.

제 5 장
청년기의 우울

요 약

우울은, '마음의 감기이다'라고 말해지는 만큼 현대인에게 만연하고 있다. 그 신체적 증상은, 교감신경의 긴장 상태인 이른바 '불안'과는 다르다. 불안과 우울의 차이를 살펴보면, 불안의 핵심 증상은, 공포감, 예기염려, 자율 증상에 있는 것에 비해 우울의 핵심은 슬픔, 절망감, 기쁨이나 흥미의 감퇴에 있다. 우울증상은, 일반적으로, 격렬한 무가치감, 부전감 등, 낮은 자기 평가를 포함하는 감정을 수반한다. 불안과 우울 모두 네거티브 자기 관련 정보의 아크세시비리티의 항진을 나타내는 데 비해서, 적극적인 자기 관련 정보의 아크세시비리티의 저하는 우울자에게 한정된다. 본 논문에서는, 현대인의 우울 발생과 우울의 평가에 관한 제 이론을 고찰한다. 우울 발생의 제 이론을 고찰하는 것으로써 우울의 예방 및 일상생활에서 오는 스트레스의 대처에 도움이 되기를 바란다.

키워드: 우울 기분, 우울증후군, 우울증, 우울의 발생, 청년기우울

1. 우울의 개관

1) 우울(depression)이란 무엇인가

우울에 관한 분류는, 이전에는 '우울 인지 아닌지'의 2분법적으로 구분하고 있었지만, 근년, DSM−Ⅳ(diagnostic and statistical manual of mental disorders, 4th de.; American Psychiatric Association, 1994) 나 국제 질병 분류의 개정판(10th revision of the international classi-fication of disease; World Health Organization, 1989, ICD−10)에서 는, 다음과 같이 3단계적인 평가(① 우울 기분: 경증, ② 중등증: 우울 증후군, ③ 중증: 우울증)로 나누고 있다.

① 우울 기분(depression mood)

마음이 가라앉음, 답답함, 혹은 침체한 심리 상태이다. −시간적인 기분의 변화로부터, 2주간 이상 지속하는 경우도 있다. VAS(visual analogue scale)로 측정한다.

② 우울 증후군(depressives syndrome)

우울 기분의 항진에 의해서 유발되는 증상의 모임이다. 예를 들면, 흥미 상실, 쉽게 피곤함, 자신감상실, 자책감, 정신 운동성 제지, 초조, 식욕·체중의 변화, 절망감, 심기적 우려, 성욕의 감퇴, 수면의 변화 등이 있다. Zung(Zung self-rating depression scale; Zung, 1965)의 자기기입식 우울성 척도나 Beck(Beck depression inventory; Beck, Ward, Mendelson, Mock & Erbaugh, 1961)의 우울 질문지, CES-D(center for epidemiologic studies depression scale; Radloff, 1977) 등에 의해 측정되는 것이 많다.

③ 우울증(depressive illness)

병 단위로서의 '우울'이며, 우울증으로서 정의하는 경우에는, 이하의 점에 유의할 필요가 있다. A) 우울 기분이 일정 기간 지속하는 것, B) 우울 기분과 관련해서 몇 개의 우울 증상을 수반하는 것, C) 기질적인 원인(뇌염, 간질 등)이나 물질성의 원인(알코올, 약물 등)을 부정할 수 있는 것, D) 정신 분열 병이나 분열 감정 병에 해당하지 않는 것. DSM-Ⅳ(1994)에서는, 우울 기분, 흥미 상실, 체중·식욕의 변화, 수면의 변화, 정신 운동성 장애, 역피로성·기력 감퇴, 죄악감, 집중 혼란, 자살 기도의 9개의 증상을 우울증의 진단 기준으로서 채택하고 있다.

2) 우울자의 성격 및 인격 구조

Freud(1919, 1921)에 의한 정신 분석은, 우울 성격에 대한 우울증의 기본적 역동을 대상 상실에 두고, 구순적 고착에 그 이유를 찾아왔다. Abraham(1977)는 우울의 발증 기제를, 구순적 사랑 → 발달 초기의 상실체험에 의한 자기애 손상 → 우울의 원형이라고 하는 도식에 근거해, 성인의 우울을 그 재현으로서 이해하려고 하고 있다. 土居(1966)는 유아기에 어떤 종류의 지속적인 정신적 외상으로 부모에게 응석부린 체험을 갖지 못하고, 그 대신 상상 속에 일체감을 품게 되었다. 일체감이 너무나 중요하기 때문에, 이미 그것을 잃어버렸음에도 불구하고, 그 사실을 인정하지 못하고, 과거의 환영에 매달려 없어진 것을 구하려고, 발버둥 치는 것이 우울 상태라고 말하고 있다. 즉 우울의 배경에는 '응석부리고 싶어도 응석부릴 수 없는' 강한 의존 욕구, 그리고 의존 욕구가 채워지지 않은 것에 대한 원망과 체념하지 못함이 교착하고 있다고 생각할 수 있다. 발달론적 입장에서는, 우울 발증의 위기 상황이란, 방위기제에 의해서 여러 가지 형태로 변환되어 안정을 유지하고 있던 의존 욕구가 다시 위협받는 상황이라고 생각하고 있다.

기본적으로 성격의 본질이 우울의 만성화에 결정적인 요인이 되는 것이다. 성격적 요인이 우울의 지체화에 결정적인 역할을 이루는 것에는, 미숙한 성격, 분열 기질적 성격, DSM-IV(1994)의 인격 장애 중에서, 의존성, 강박성, 수동-공격성, 회피성, 경계성 등의 인격 장애가 있다. 우울적인 사람의 인격 구조는 '무엇을 하고 싶다'라고 하는 인격 구조에 비교해서, '무엇을 해야만 한다'라고 하는 규범의식이 강하고, 게다가, 그 규범에 속박되는 것처럼 보인다.

우울적인 사람의 인격 구조란, 체격, 기질 등의 소인적 요소, 발달사·생활사적 정신력 동적 요소를 포함하는 병전부터의 상태를 전체적·포괄적으로 파악한 것을 나타낸다. 우울적인 사람의 병전성격에 대해서는 많이 기재되어 있다. 즉 만성 우울증자의 병전의 특징에 대해서는, 겁쟁이, 소심, 우울, 활력의 부족, 까다롭고, 내향적, 때로는 신경질, 사람이 싫은, 폭발, 무력, 자신감결핍, 민감, 완전주의, 히스테리 성격, 칭찬에 민감, 동조 성격, 주찰염려(注察念慮), 기력성 성격 등을 들 수가 있다.

3) 우울을 지체화(遷延化)하는 요인

① 의존과 원망

우울적인 사람은 의존 욕구가 깊게 억압되고 있는 것으로 알려져 있다. 의존 욕구가 채워지지 않을 때의 반응은 원한의 반응이다. 대다수의 경우는, 환자의 회복에 따라서 치료자가 현실을 환자에게 반환하는 조작을 실시할 때에, 초기의 의존 감정에서부터 원한의 감정으로 바뀌어 간다. 그러나 환자가 그것을 억압하고, 다시 현실을 받

아들이는 경우, 원한의 감정이 언어화되는 것은 드물고, 이 조작이
원활해지면 지체화되는 것을 막을 수 있다.

② 우울자를 쉬게 하는 능력

우울이라고 하는 병의 용태는 사람이 쉬지 않고 일하는 것을 전
제로 했을 때 생기는 것이다(成田, 1991). 우울자를 쉬게 할 수 있는
것이, 지체화를 막는 데 있어서 승패의 갈림길이 된다. 우울은, 마음
의 기능이 뇌에 무리를 계속 시켰기 때문에, 뇌의 자기 정리 과정이
피폐된 상태이다. 즉 마음이 병의 원인이 된다. 우울의 정신요법은,
최소의 노력으로 친숙해질 수 있는, 친숙해지기 쉬운 외계를 설치해
뇌를 휴양시키는 것이다.

③ 희망을 주는 능력

우울은 미래를 상실하는 병이다. 우울자는 어둡고 긴 터널 속에서,
이 절망이 무한하게 계속되어 질것이라고 믿고 있다. 이 절망감은
거의 망상적 확신이라 할 수 있다. 우울의 지체는 터널의 어두운 곳
에서 출구를 잃어버리고 헤매고 있는 사람에 비유할 수 있다. 우울
자에게는 반드시 회복한다고 하는 희망을 줄 필요가 있다.

④ 현실의 부하를 경감, 해결시키는 능력

우울의 발증은, 이사 우울로 대표되는 '대상 상실'에서부터 기인한
다고 말하는 정신 분석의 입장의 발언이나, 짐 내려놓기 우울로 대표
되는 '역할 상실'이 우울의 계기가 된다고 주장하는 현상학적 입장에
서의 지적과는 반대로, 현실의 짐을 해결하지 못해서, 우울에서 회복

하지 못하는 사람도 있다. 현실의 처리 능력, 능력을 잃어버리고 필요 이상으로 현실의 갈등이나 곤란을 과대시하는 경향이 강하다.

⑤ 경증화와 신경증

우울의 지체화의 하나의 요건은 경증의 우울이다. 경증 우울의 증가는 많은 임상가들이 인정하지만, 그중 적지 않은 예가 지체되는 것으로 장기간의 치료를 피할 수 없게 된다. Arieti(1978)의 분류에서도, 불안을 수반하는 우울증, 강박증을 수반하는 우울증과 같이, 경증인 것은 신경증화로 연결되기 쉽고, 신경증화에서 지체화로 되는 일도 많다. 즉 경증화와 신경증화, 지체화는 불가분의 밀접한 관계에 있다고 할 수 있다.

⑥ 우울과 불안

우울과 불안은, 동시에 존재하지만, 불안감은, 막연한 불안감으로서 호소할 수 있거나(Zahn-Waxler, Klies-Dougan & Slattery, 2000), 사소한 일이 신경이 쓰이는 것처럼 표현되거나 한다. 동계, 현기증, 구토 등의 자율 신경계의 증상을 나타내는 것이 많아, 내과 등에서는 자주 '자율신경실조증'이라고 진단된다. 우울 기분은 경도의 것이므로, 본인도 자각하지 못하는 경우도 많다. 불안, 우울 모두 네거티브 자기 관련 정보의 아크세시비리티의 항진을 나타내는 데 비해서, 적극적인 자기 관련 정보의 아크세시비리티의 저하는 우울자에게 한정된다(Dozois & Dobson, 2001). 우울의 뒤에, 불안 발작이 연속해 일어나게 되면 지체화되는 경향의 징조이다. 처음부터 불안과 우울이 서로 혼합되어 지체되는 것을 mixed anxiety depressive stat(10th

revision of the international classification of disease, World Health
Organization, 1989, ICD－10)이라고 부르기도 한다. 불안과 우울은
분리해 출현할수록 치료가 비교적 용이하고, 양호한 경과를 얻기 쉽
지만, 양자가 혼합해서 동시에 출현할수록 지체화되기 쉽다.

4) 우울과 자기 주목

　　Duval & Wicklund(1972)는, 사람은 자기 또는 외부의 어느 쪽이든,
한쪽에 주의를 향하고 있다고 지적한다. 자기가 의식의 대상이 된
상태는, 객체적 자각 상태(objective self－awareness)로 불린다. 반대
로, 주의가, 개인의식이나 그 사람의 과거의 사건이나 신체의 밖에 있
는 대상으로 향한 상태는, 주관적 자각 상태(subjective self－awareness)
로 불린다. Duval & Wicklund(1972)의 이론에 의하면, 자기에 주목
하면 행동의 적절함의 기준이 의식되어 현실의 자기 상태와 적절함
의 기준이 비교된다. 그리고 그 기준에 자기의 행동이 근접해지도록
행동한다. 현실의 자기가 기준보다 밑돌고 있는 경우에는 네거티브
감정을 경험한다. 그리고 자기에게 주의를 향하는 횟수가 많아지면
질수록 자기의 다양한 차원에서 적절함이 기준에 이르지 못하고 있
다는 것이 의식되고 자존심이 저하한다(Wicklund, 1975).
　　자기 주목할 때 볼 수 있는 현상과 우울 현상은 다음의 점에서

유사하다. 우울 원인 귀속과의 관계에 있어서는, 귀속 스타일을 측정하는 귀속 스타일 질문지(ASQ)를 이용한 연구로, 우울적인 사람은 우울적이지 않은 사람에 비해, 실패를 내적·안정적·전반적인 것에 귀속하기 쉽다는 결과가 얻어지고 있다(Peterson & Seligman, 1984, Sweeney, Anderson & Bailey, 1986). 우울과 자기 보고의 정확함과의 관계에 있어서는, 우울적인 사람의 자기 관련의 판단이 보다 정확하고, 비우울적인 사람의 판단은 왜곡되어 있다고 하는 지적이 있다(우울 리얼리즘, Alloy & Abramson, 1988). 또 자기 언급과의 관계에 있어서는, 우울적인 사람은 다른 사람과의 상호작용 장면에서, 과잉으로 자기에 대해 언급한다고 한다(Coyne, 1976, Hinchliffe, Lanca-shire & Roberts, 1971, Jacoboson & Anderson, 1982). 이와 같이, 우울과 자기 주목의 현상은 유사한 점이 있다.

그러나 양자는 완전히 같은 것이라고 할 수 없다. 우울이란, 네거티브 정동이 항진된 상태이고, 포지티브 정동이 저하된 상태이지만, 자기 주목은 쾌의 감정을 강하게 하는 일이 있고(Scheier, 1976, Scheier & Carver, 1977), 네거티브 결과뿐만이 아니라 적극적인 결과에 대한 내적 귀속도 강하게 한다(Duval & Wicklund, 1973, Fenigstein & Levine, 1984). 따라서 우울과 자기 주목은 유사점은 있다고 해도, 양자를 완전히 같은 것이라고 생각할 수 없다. 즉 자기 주목하기 쉬운 것이, 곧 우울로 연결된다고는 하기 어렵다.

2. 우울 발생의 제 이론

1) Beck의 인지 왜곡 이론

Beck(1976)에 의하면, 우울의 본질은 인지의 장애이며, 감정의 장애는 인지장애에서부터 이차적으로 생겨 온다. 즉 우울의 감정은 우울의 인지로부터 생겨 온다. 이 생각이 Beck의 인지 요법의 기초가 되어 있다. 우울을 가져오는 인지는, 다음의 3개의 레벨로 나눌 수 있다.

제1은, 네거티브 자동사고(automatic thought)의 레벨이다. 우울적인 인지는, 의도적인 사고에 의하는 것이 아니라, 자신의 의지와는 관계없이 의식에 팝업되어 오는 자동 사고에 의해서 가중되는 것이다. 자신에게 자신감을 가질 수 없게 되어, 주위와의 관계를 부정적으로 생각해 미래를 비관적으로 생각하게 된다. 이와 같이, 자신·세계·미래라고 하는 3개의 영역에 걸쳐서, 네거티브 사고 내용이 차지한다고 할 수 있다. 이것을 Beck는, 우울 인지의 3대 징후라고 부르고 있다.

제2는, 추론의 레벨이다. 우울적인 사람의 추론은 독특하다. 다음과 같이 체계적인 추론(systematic logical thinking error)에 잘못이 있다.

① 자의적 추론(arbitrary inference): 증거도 없는데 네거티브 결론을 꺼낸다.

② 선택적 주목(selective abstraction): 가장 분명한 것에는 눈길을 주지 않고, 사소한 네거티브 일만을 중시한다.

③ 과도한 일반화(overgeneralization): 몇 안 되는 경험으로부터 광범위하게 자의적으로 결론 추론한다.

④ 확대 해석과 과소평가(magnification and minimization): 일의 중요성이나 의의의 평가를 잘못 평가한다.

⑤ 개인화(personalization): 자신에게 관계가 없는 네거티브 사건을 자신에게 관계 지워서 생각한다.

⑥ 완전주의·2분법적 사고(absolutistic dichotomous thinking): 모든 것에 흑백을 가리지 않으면 기분이 가라앉지 않는다.

제3은, schema의 레벨이다. schema는, 마음의 심층에 있는 신념이나 전제라고 하는 인지적 구조를 가리킨다. 우울적인 사람의 schema는 네거티브이며, 이것이 잘못된 추론을 낳는 것이 되고 있다. 이것을 우울의 schema(depression schemata)라고 부른다. 이것을 가진 사람은 '~를 해야만 한다', '언제나~다'라고 생각하는 경향이 많다. 우울 schema는, 유아기의 네거티브 체험 등에 의해서 형성되어 평상시는, 마음속에 잠재하고 있다. 이러한 우울이 되기 쉬운 사람의 소인을, 우울 취약성(vulnerability to depression)이라고 한다.

(1) Beck 이론의 평가

① 상관 연구

우울 기분의 정도와 네거티브 사고 내용과의 사이에 상관관계가 있다고 하는 연구 결과가 많다. 우울 정도와 '우울 인지의 3대 징후'의 상관이 있다는 연구도 있다. 그러나 이러한 상관 결과에서는, 인지의 왜곡이 우울의 원인인지 결과인지가 확실하지 않다. 즉 인지의 왜곡은, 사실은 우울의 증상일지도 모르는데, 원인으로서 해석하고 있을지도 모른다.

② 무드 유도 실험

실험적으로 인지를 조작하면, 무드(기분·감정)가 변화한다. 이러한 무드 유도 실험의 결과는, 네거티브 인지가 우울을 일으킨다고 하는 주장이 근거가 된다. 반대로 주의를 전환시켜 네거티브 사고를 줄이는 방법(주의 전환법)에 의해서, 네거티브 기분이 감소했다고 하는 연구도 있다. 다만, 이러한 우울 기분의 연구와 임상적인 우울을, 직결로 연관 짓는 것은 신중하지 않으면 안 된다(Depue & Monroe, 1978). 왜냐하면, a) 우울 판단은, 다양한 증상을 종합적으로 판단해서 행해지는 것이며, 우울 기분이 강하다고 하는 것만으로 우울이라고 판단되는 것은 아니기 때문이다. b) 우울 기분을 측정하는데, 질문지만을 이용하고 있는 연구가 많지만, 질문지법이 과연 정확하게 우울 기분을 측정하고 있을지에 대해서도 의문이 있다.

③ 우울 schema의 논쟁

Beck(1976)는, 자동 사고는, 우울 schema(신념이나 태도)의 결과로서 형성된다고 지적하고 있다. 자동 사고는, 마음의 심층에 해당되며 순간적이고 불안정한 것인 데 비해서, 우울 schema는 보다 심층에 존재하고 잠재적이고, 안정적이며 변화하기 어려운 인지 구조이다. 전자는 상태(state), 후자는 인격적 특성(trait)이다. 인지 요법에 의해 우울 schema를 바꾸지 않는 이상 우울 증상이 가벼워져 자동 사고가 줄어들었다고 해도, 우울 schema는 언제까지나 있다. Beck의 우울 schema 가설을 지지하는 연구와 지지하지 않는 연구가 있다.

a) 지지하는 연구: Eaves & Rush(1984)는 우울증의 클라이언트에게 대해서, 우울 증상이 심할 때와 약물 요법 등으로 회복했을 때에 질문지의 ATQ와 DAS를 실시했다. 결과, 회복했을 때에는, 자동 사고(ATQ 득점)는, 크게 저하했지만, 우울 schema는 저하하지 않았다.

b) 지지하지 않는 연구: Hamilton & Abramson(1983)는, 우울 증상이 심할 때와 약물 요법 등으로 회복되었을 때에, DAS를 실시했다. 결과, 회복 시에는, 우울 schema도 크게 저하했다. 즉 우울 증상이 가벼워지면, 인지 요법을 행하지 않아도, 우울 schema가 개선되었다. 즉 인지의 왜곡은 우울의 원인이 아니고, 우울의 결과이다(Hamilton et al., 1983).

(2) 우울 schema의 가설의 비판

Beck의 가설을 지지하는 Eaves & Rush(1984)의 연구에 대해서 Segal & Shaw(1988)는, 증상이 회복하고 나서 2번째의 질문지 조사를 실시하기까지의 기간이 평균 17일밖에 안 되었고, 회복이 불완전했기 때문에, 지지하는 결과를 얻을 수 있었던 것은 아닌지라고 하는 의문을 제기하고 있다. 이와 같이 결과가 일관되지 않는 원인은, 우울 schema를 측정하는 질문지 DAS의 신뢰성의 낮음이 들 수 있다. Beck는 우울 schema가 우울에의 취약성이라고 생각하고 있지만, Teasdale(1988)는 이것을 비난하면서 '우울적 처리 활성 가설'을 제창하고 있다.

2) Teasdale의 우울 발생의 이론

(1) 취약성 이론으로서의 우울적 처리 활성 가설 - Beck 이론과의 비교

① 인지와 인지와 감정의 방향

Beck는, 우울 인지가 우울 감정을 일으킨다고 하는 '인지에서부터 감정'의 방향을 생각하고 있다. 이것에 비해서, Teasdale(1987)는 '인지에서부터 감정', '감정에서부터 인지'와 같이 쌍방성을 생각해 어느 쪽이 먼저라고는 생각하기 어렵다고 한다. Teasdale(1988)에 의하면, 한번 우울 상태가 되면, 우울적 인지 처리의 패턴이 활성화된다. 이 인지 처리 패턴을 가지는 것이, 우울 취약성이라고 하고 있다.

② 취약성과 스트레스 영역 합치

Beck는, 어느 특정의 영역에서 우울 schema의 편향이 있는 사람은, 그와 같은 영역의 라이브 이벤트에 직면했을 때에, 우울이 발생하기 쉽다고 지적한다. 이것에 비해서, Teasdale에 의하면, 어떠한 스트레스라도, 그것이 한번 실마리가 되면, 우울적인 인지적 패턴을 활성화시킬 수 있는 것이라고 생각하고 있다. 즉 취약성(인지 처리 패턴)과 스트레스(라이브 이벤트)의 영역 합치를 생각하지 않는다. 양자는 서로를 강화하고 있고, 우울을 지속시킨다. 어느 사람이 이 사이클에 말려 들어가기 쉬운지 아닌지를 결정하는 것은, 환경적, 생물학적, 심리학적의 3개의 요인이다.

(2) Teasdale의 우울적 처리 활성화의 평가

Teasdale에 의하면, 우울이 되기 쉬운 사람은 잠재적으로 우울적 처리 활성화 패턴을 가지고 있지만, 그것은 우울 기분에 한해서 활성화되는 것이며, 보통 기분 때에는 나타나지 않는다. 보통 기분 때의 인지는, 우울자도 비우울자와 같다. 이것에 대해서 Beck는, 보통 때라도, 우울자는 네거티브 인지 구조를 가지고 있다고 한다. 이 점에 대해서, 어느 쪽이 타당한지를 조사하는 연구를 했다(Teasdale & Dent, 1987).

우선, 질문지 연구에서는, 회복한 우울자의 인지는, 네거티브에 치우쳐 있다고 하는 연구 결과와 비우울자와 같은 레벨에까지 내려온다고 하는 연구 결과가 있다. 현재는 후자를 지지하는 연구가 많고, 이것은 Teasdale 이론에 유리하다. 네거티브 기분을 실험적으로 유도

하는 연구를 실시한 결과, 네거티브 기분 유도 전에는 이전에 우울 경험이 있는 사람과 우울 경험이 없는 사람에게 인지의 차이는 없었지만, 네거티브 기분을 유도하면 이전에 우울 경험이 있는 사람은 네거티브 인지가 높아졌다. 이 결과는 Teasdale 이론을 지지한다.

3) Ellis의 우울 발생의 이론

(1) 우울과 불합리한 신념

Ellis(1970)에 의하면, 우울을 가져오는 것은 불합리한 신념이다. 이것은 Beck의 우울 schema에 유사하다. 파국적 사고의 완화가 우울과 부의 관련을 가지는 것을 찾아내고 있다(甘利·馬岡, 2002). Ellis(1988)는, '무엇을 하지 않으면 안된다는 주의'로부터 다음의 4개의 불합리한 사고가 나타나고 있다고 하고 있다.

① 공포화: 조금 나쁠 방향으로 진행되어 가면 '완전하게 안 된다'라고 극단적으로 과장한다.

② 이건 이제 견딜 수 없는 병: 믿음대로에 진행되지 않으면 그 욕구 불만에 견딜 수 없게 된다.

③ 비난: '해야 하는 것을 하지 못하는 인간은, 사는 것에 적합하지 않은 형편없는 인간이다'라고 생각한다.

④ 협량 사고: '모든 것은 언제라도 이렇게 나쁘고, 결코 좋았던

적이 없다'라고 하는 극단적인 생각.

(2) Ellis 이론의 평가

불합리한 신념과 우울의 의미가 있는 상관을 볼 수 있었지만, 불합리한 신념이 우울을 낳는 원인이 되는지 아닌지는 모른다(Haaga & Davidson, 1986).

4) Rehm의 자기 컨트롤 이론

Rehm의 우울 이론은, Kanfer(1970)의 이론을 우울에 응용한 것이다. 예를 들면, 다이어트할 경우에 식욕을 억제하는 것 자체가 불쾌한 것이다. 게다가 '마르면, 남성에게 인기 있을 것이다'라는 장래의 강화를 기대하고 있는 것이지, 다이어트했기 때문에 곧 칭찬받는다고 하는 직후의 외적인 강화가 있는 것은 아니다. 이러한, 직후의 외적인 강화가 없는 행위는, 스스로 목표를 세워 스스로 강화한다고 하는 내면적인 프로세스에 의해서 유지될 수밖에 없다. 이러한 프로세스를 '자기 컨트롤 행위'라고 불러, 3개의 단계로 나누고 생각했다.

① 자기 모니터링: 자기 자신의 행동을 스스로 관찰해서 기록한다.
② 자기 평가: 모니터된 행동을 하등의 기준과 비교해, 성공인가 실패인가 판단한다.

③ 자기 강화: 평가에 근거해서 자신에게 보상 내지 벌을 준다.

(1) Rehm의 자기 컨트롤 행동 장애설

Rehm(1977, 1981)는, 우울적인 사람은 자기 컨트롤 행동에 장애가 있다고 생각해 3단계의 골조를 이용했다.

① 자기 모니터링: 우울적인 사람은, 자신의 행동의 적극적인 것에 주의를 기울이지 않고, 네거티브한 것에 주의를 기울인다. 우울적인 사람은, 자신의 행동에 대해서, 장래의 결과에 주의를 기울이지 않고, 직후의 결과에만 주의를 기울인다.

② 자기평가: 우울적인 사람은 자신에 대한 요구 수준이 높다. 자신의 행동에 대해서, 네거티브 원인 귀속을 한다.

③ 자기 강화: 자신에 대해서 자기 보상을 그다지 주지 않는다. 자신에 대해서 자기 처벌은 크게 준다.

(2) Rehm 이론의 평가

① 자기 모니터링: 우울적인 사람이 자기 모니터링에 왜곡을 나타내는 것은, 임상 관찰에서도 분명하게 나타난다. 그러나 우울이 아닌 사람이라도, 네거티브한 것에 관해서만 자기 모니터링시키면 우울 감정이 생긴다(Lewinsohn & talkington, 1979).

② 자기 평가: 우울적인 사람은, 자신에 대한 요구 수준이 높다(Golin & Terrell, 1977). 그러나 자기 평가 기준을 조사해도, 우울자와 정상인의 사이에 차이를 볼 수 없었다고 하는 보고도 있다(Gotlib, 1979).

③ 자기 강화: 우울적인 사람은 자기 보상은 적고, 자기 처벌이 많은 것은 몇 개의 연구에서도 확인되고 있다(Lobiz & Post, 1979).

5) Seligman et al.의 개정 학습 무력감 이론

Seligman(1981)는 학습성 무력감(learned helplessness)이라고 하는 개념을 제창해서 우울을 설명하려고 했다. 게다가 Seligman는, 개정 학습성 무력감 이론을 제창해, 다음의 4개의 전제에 해당하는 사람은, 우울이 되기 쉽다고 하고 있다.

전제1: 네거티브 결과에의 예기(expectation of negative outcome) 좋지 않는 일이 일어나는 것은 아닐지라고 하는 예기를 갖고 있는 경우에는 우울이 되기 쉽다.

전제2: 컨트롤 불가능성에의 예기(expectation of un-controllability) 네거티브 결과를 자신의 행동에 의해서 컨트롤할 수 없을 것이라고 예기하는 경우에는 우울이 되기 쉽다.

전제 3: 우울적인 원인 귀속(causal attribution) 네거티브 사건의 원인을 ① 내적, ② 안정적, ③ 전반적으로 귀속하기 쉬운 사람, 반대로, 적극적인 사건의 원인을 ① 외적, ② 불안정적, ③ 특수적이라고 귀속하기 쉬운 사람은, 우울이 되기 쉽다.

전제4: 우울 증상의 중증도(무력감에 의한 우울 증상)

a. 동기부여의 장애(자발적인 행동이 줄어드는, 무기력)

b. 인지의 장애(컨트롤 가능한 상황에서도, 행동과 결과의 수반성을 인지·학습할 수 없게 된다.

c. 감정의 장애(우울적인 기분, 불안 등의 신체장애)

d. 자존심의 저하

(1) 개정 학습성 무력감 이론의 평가(원인 귀속에 관한 연구)

① ASQ(귀속 스타일 질문지)를 이용한 연구에서는, 우울증자는 내과 환자에 비해, 네거티브 장면에서 내적·안정적·전반적인 원인으로 귀속하고, 적극적인 장면에서는, 외적·불안정적·특수적인 원인으로 귀속하고 있었다. 이러한 귀속 경향은, 정신 분열병 환자 군에서는 나타나지 않고, 우울증 군에게 나타난 특이한 현상이었다 (Raps, Peterson, Reinhard, Aramson & Seligman, 1982). 그러나 전혀 유의차가 보이지 않았던 연구 결과도 있어(Manly, McMahon, Bradley & Davidson, 1982) 전체적으로 일관된 것이라고는 할 수 없다.

② 현실의 장면이나 실험실 장면에 있어서의 귀속을 조사한 연구: 이러한 연구의 결과는 명확하지 않다(Coyne & Gotlib, 1983).

(2) 개정 학습성 무력감 이론의 평가(예기에 대한 실험)

자기 효능감의 기대가 낮고, 결과기대가 높은 조건의 아래에서는 우울이 발생하겠지만, 자기효능감의 기대 및 결과기대 모두가 낮은 조건에서는 우울은 발생하지 않을 것이라고 하는 가설이다. 실험 결과, 남자에 있어 이 가설이 실증되었다. 다만, 여자에 있어서는 실증되지 않았다.

6) Alloy et al.의 절망감 이론

(1) 우울 소인 스트레스 모델

이 이론은, 우울이 되기 쉬운 소인과 우울을 일으키는 스트레스에 대해서, 개정 학습성 무력감 이론을 보충한 것이다(Metalsky, Abramson, Seligman, Semmel & Peterson, 1982). 우선, 소인 스트레스 모델에서는, 컨트롤 불능성이라고 하는 개념을 버릴 수 있었다. 즉 컨트롤할 수 있을지 없는지와는 상관없이, 네거티브 라이브 이벤트가 스트레스가 되어, 우울을 일으키게 된다. 여기에서부터, Seligman의 오리지널 학습성 무력감 이론의 핵심인 컨트롤 불가능성이라고 하는 개념은 거의 사라져 버렸다고 할 수 있다.

다음에, 우울적 귀속 스타일이라고 하는 것은, 네거티브 경험을 했을 경우에, 내적, 안정적, 전반적인 원인으로 귀속하기 쉽고, 반대로 적극적인 체험했을 경우, 외적, 불안정적, 특수적인 원인으로 귀속하기 쉬운 경향이다.

절망감 이론은 ① 상황적 단서로서는, 단서가 되는 정보의 동의성·일관성·변별성이라고 하는 3차원을 생각하고 있다. 네거티브 체험에 대해서 원인 귀속하는 경우, 그 상황에 대한 정보로서 동의성이 낮고, 일관성이 높고, 변별성이 낮을 때에, 그 체험에 대한 귀속이 내적·안정적·전반적이 된다. ② 절망감 예기에 대해서는, '네거티브 결과에의 예기'와 '컨트롤 불가능에의 예기'로부터 구성되어 있다. ③ 절망감 우울의 증상에 대해서도, 개정 무기력과 대체로 같다. ④ 절망 예감을 가져오는 것은, 원인 귀속뿐만이 아니고, 그 밖에 여러 가지 있을 수 있다는 것을 인정하는 것이다. ⑤ 우울에는 다양한 원인이 있다. 그 중에서, 절망 예감을 가져오는 우울의 아류형을, 특히 절망감 우울이라고 부르는 것이다. 우울 리얼리즘(depressive realism: 우울적인 사람의 인지는 네거티브 쪽으로 기울어지고 있는 것이 아니라, 정확히, 우울이 아닌 사람 쪽이 낙천적인 인지 쪽으로 왜곡됨)에 근거하는 것이다.

(2) 절망감 이론의 평가

① 인과관계의 배려

우울의 증상을 직접 결정하는 것은, 절망감을 예기하는 것뿐이다. 이것을 충분한 원인이라고 부른다. 이외의 원인은, 간접적으로 우울 증상에 영향을 주는 기여 요인에 지나지 않는다.

② 우울의 이종성에의 배려

여기까지의 연구에서는, '절망감에 의한 우울의 증상'과 '절망감 이외의 원인에 의한 우울'을 구별하고 있지 않다. 이 때문에 결과가 애매하게 될 가능성이 있다. 향후는, 절망감 우울과 그 이외의 우울을 구분하지 않으면 안 된다.

3. 우울의 어세스먼트

1) 자기 평정 척도

Beck 우울 질문지(BDI: Beck depression inventory)에 의한 척도가 있다. 이것은, Beck(1961)가 개발한 자기 평가 척도이며, 증상 평가나 치료 효과의 판정을 위해 빈번히 이용된다. 21항목으로부터 구성되어, 각각의 항목에 4단계에서 5단계의 선택사항이 있다. 그 외에도 자기 기입식 우울성 척도(SDS: self-rating depression scale: 20항목), MMPI(Minnesota multi-phrase personality inventory: 미네소타 다면 인격 목록)의 D척도(60항목), 이것을 엄선한 D30척도 등이 이용된다.

2) 다른 사람 평정 척도

제삼자가 피험자를 면접·관찰하는 것 이외에 평정 척도도 개발되고 있다. 우선, Hamilton 우울 평정 척도(HRS−D: Hamilton rating scale for depression)가 있다. Hamilton(1960)가 개발해, 17항목으로부터 된다. 죄책감의 항목에서는, '당신은, 과거 혹은 최근, 행했던 것에 대해서, 자신을 비난했던 적이 있습니까. 당신은 여러 가지에 죄책감을 느낍니까'라고 질문을 하면서, 평정자는 피험자의 죄책감을 5단계에서 평정한다.

3) 우울적 인지의 질문지법

인지 어세스먼트 기법은, 질문지법과 자유 재생법으로 나눌 수 있다. 여기서 논하는 질문지법은, 미리 인지 내용을 리스트업해 두고, 그 문항에 맞는지 맞지 않는지를 피험자 스스로가 판단하게 하는 것이다. 아래와 같이 논해지는 인지 어세스먼트 기법 중에서 A)로부터 H)는 Beck 이론, J)로부터 I)는 Rehm의 이론, M)는 개정 학습성 무력감 이론과 절망감 이론과 관계가 깊다.

A) 자동 사고 질문지(ATQ: automatic thoughts questionnaire)

Beck 이론에 근거해서, Hollon가 개발한 것이다(Hollon & Kendall, 1980). 우울의 자동 사고의 빈도를 도모하는 질문지로서는, 가장 일반적이고, 타당성도 높다. 우울 때에 자동적으로 팝업되는 네거티브인 사고를 30문항 들고 있다. 5점 척도법으로 대답한다.

B) 인지 Check-List(CCL: cognition check-list)

Beck et al.은 네거티브 자동 사고의 빈도를 측정하기 위해서 개발한 것이다(Beck, brown, Steer, Eidelson & Riskind, 1987). Beck의 인지 요법에 대해, 클라이언트가 DRDT에 실제로 기입한 문장 등을 참고로 문항을 선택하고 있다.

C) Crandell et al.인지 질문지(CCI: Crandellcognition inventory)

Beck 이론에 근거해 Crandell et al.가 개발한 것이다(Crandell Chambleess, 1986). 우울할 때 떠오르는 자동 사고를 34항목 들고 있다(그 밖에 완충 항목이 11항목). 그 생각이 떠오르는 빈도를 5점 척도법으로 대답하게 한다. 그에 의하면, CCI에 의해서, 우울증 환자군, 우울증이 아닌 정신과환자군, 건강자의 판별을 할 수 있었다고 여겨진다.

D) 자동 언어화 질문지(SVQ: self-verbalization questionnaire)

Missel & Sommer(1983)에 의해서 작성된 척도이다. 이 척도에서는, 대인관계 · 가족 · 일 등의 일상생활에서, 적극적인 장면(예를 들면, 어느 문제에 대해 친구와 상담하고 있고, 모두가 당신에게 찬성해 준다)의 19문항, 네거티브 장면(예를 들면, 친구와 상담하고 있고, 아무도 당신의 생각에 찬성하지 않는다)의 19문항을 들 수 있다. 각각, 적극적인 언어 반응(예를 들면, 내 이야기의 설득력을 자랑할 수 있다), 네거티브 언어 반응(예를 들면, 더 모두를 설득할 수도 있었는데), 외적 귀속의 반응(예를 들면, 모두는 이 문제에 대해 별로 지식이 없었기 때문이다)의 3개의 선택사항이 있다. 그들에 의하면, 우울 환자는, 비우울 환자에 비해서, 적극적인 언어 반응이 적고, 네거티브 언어에 반응이 많다고 여겨진다.

E) 고통 사고 질문지(DTQ: distressing thoughts questionnaire)

Clark & Silva(1985)에 의해서 개발된 우울과 불안 인지를 측정하는 질문지이다. 지금까지의 질문지는, 주로'빈도'만을 질문하고, 그 이외의 차원에 대해서는 묻지 않고 있다고 하는 비판이 있다. Clark(1988)에 의하면, 빈도 이외의 차원으로서 우울 인지가 감정에 끼치는 영향, 우울적 인지가 자신에게 있어서 컨트롤이 어느 정도 가능한지, 우울적 인지의 개인적인 의미(자신에게 있어서 수용할 수 있는지 아닌지의 정도), 우울적 신념의 정도 등이 중요하다(Kendall & Hollon, 1981). 거기서 Clark et al.는 DTQ를 개발해, 우울·불안의 인지에 대해서, 빈도뿐만이 아니라, 감정에 미치는 영향이나 컨트롤 가능성 등, 여러 가지 측면에서 측정할 수 있도록 했다. 문항목은, 6개의 우울 사고와 6개의 불안 사고로부터 구성된다. 전자의 예는, '나는 실패자이다, 라는 생각이나 이미지'이며, ATQ로부터 취해 온

것이다. 이것들 12의 사고에 대해서, 이하의 5측면에 관해서, '전혀
그렇지 않다'로부터 '매우 그렇다'까지의 9점 척도법으로 대답하게
한다. ① 빈도(이 사고가 어느 정도 빈도로 생각나는지), ② 비탄감
(어느 정도 슬퍼지는지), ③ 고통도(어느 정도 고민하는지), ④ 배제
불가능도(마음에서 훌훌 털어내어 버리는데 어느 정도 어려운지), ⑤
비용인도(이 사고에 어느 정도 견딜 수 없는지).

F) 절망감 척도(HS: hopelessness scale)

Beck, Weissman, Lester & Trexler(1974)에 의한 절망감의 정도를
도모하기 위한 척도이다. '나의 장래는 어둡다고 생각된다'라고 하는
20문항에 대해서, '네' '아니오'의 2점 척도법으로 대답한다.

G) 비기능적 태도 척도(DAS: dysfunctional attitude scale)

Weissman(1979)가 작성한 DAS는, 우울 schema를 조사하는 것을
목적으로 하고 있다. 오리지널의 DSA-T는 100문항이지만, 40문항
의 단축판(DSA-A, DSA-B)이 작성되었다. 임상적으로는 DSA-A
가 잘 사용된다. '용모가 좋고, 지능이 높고, 부자이며, 창조적이 아
니면, 사람은 행복하게 될 수 없다'라는 문항에 7점 척도법으로 대
답하게 한다. DAS는 치료를 민감하게 반영하는 지표로서 유명하다.
인지 치료든, 약물 요법이든, 치료가 성공한 클라이언트는, 치료가
잘되지 않는 클라이언트에 비해, DSA 득점도 순조롭게 내리고 있었
다(Simons, Garfield & Murphy, 1984). 또 DAS로, 재발을 예측할 수
있다(Simons, Lustman, Wetzel & Murphy, 1986). 즉 치료 중에 DAS

득점이 높은 채의 클라이언트는 재발의 위험성도 높다.

H) 인지 스타일 테스트(CST: cognitive style test)

DAS와 같이 Beck 이론의 우울 schema를 측정하기 위해서, 작성되었다(Wilkinson & Blackburn, 1981). Beck에 의한 '우울 인지의 3대 징후'에 맞춰서, 자기·세계·미래에 대해서, 일상생활 중에서 10장면씩, 합계 30장면을 선택하고 있다. 반은 쾌, 반은 불쾌한 장면이다. 그 자리에서 생각하는 인지적 내용에 관해서 4개의 선택사항이 준비되어 있다. 예를 들면, 자기에 대한 쾌의 장면은 '당신이 존경하고 있는 사람이, 당신을 좋아한다고 말했습니다'이며, 선택사항은'3: 그 사람은 싫은 소리만 한다. 2: 그 사람이 정말로 그렇게 생각하고 있는지 확실하지 않다. 1: 그렇게 말해 주어 기쁘다. 0: 그 사람이 정말로 나를 좋아한다. '이다. 점수가 높을수록 네거티브 schema를, 낮을수록 포지티브 schema를 나타낸다.

I) 불합리 신념 테스트(IBT: irrational belief test)

Ellis 이론에 있어서의 불합리한 신념을 측정하기 위해서, Jones가 개발한 것이다(Jones, 1968). Beck의 이론에서는 우울 schema에 해당한다. '많은 일을 맡아도 훌륭하게 처리하지 않으면 안 된다'라는 100문항에 대해서, 5점 척도법으로 대답한다. 결과는, 수용 욕구, 높은 자기 기대, 비난, 욕구 불만, 감정적 무책임, 불안, 문제 회피, 의존, 무력감, 완전주의의 10개의 서브 스케일로 나타내도록 되어 있다.

J) 자기 컨트롤 질문지(SCQ: self-control questionnaire)

SCQ는, 자기 매니지먼트·프로그램(Fuchs & Rehm, 1977)의 치료 효과를 도모하기 위해서 개발되었다. 질문은 예를 들면 '나를 비참하게 하는 것 같은 일을 바꾸려고 해도 소용 없다', '이루어야 할 일을 단계적으로 나누어 계획하는 것은, 행동하는 데 도움이 된다'와 같은, 우울의 자기 컨트롤 행동에 대한 태도나 신념에 대해 40문항으로 구성된다. 5점 척도법으로 대답을 구한다.

K) 자기 컨트롤 스케줄(SCS: self-control schedule)

Rosenbaum(1980)에 의해서 개발된 척도로, 자기 컨트롤의 능력을 종합적으로 도모하는 것이다. 4개의 문항으로 구성된다. 즉 ① 감정을 인지적으로 컨트롤하는 능력, ② 문제 해결의 스킬을 사용하는 능력, ③ 자기에 대한 보상을 늘리는 능력, ④ 자기효능감이다. 예를 들면, '지루한 일을 끝내고 나서 받을 보수를 생각한다' 등의 36문항에 대해서, 6점 척도법으로 대답한다.

SCS는 우울 인지를 직접 도모한다는 것은 아니지만, 우울의 치료 효과를 예측한다고 하는 점으로 우울과 관계가 깊다. 예를 들면, Simons et al.(1985)는, 우울 클라이언트를 SCS의 득점으로 2군으로 나누었다. SCS로 고득점의 클라이언트는, 인지 요법의 효과가 높고, 약물 요법의 효과가 낮았다. 반대로, SCS로 저득점의 클라이언트는, 인지 요법의 효과가 낮고, 약물 효과는 높았다. 이 연구로부터, 클라이언트의 SCS 득점에 의해서 기법을 바꾸는 것이 시사되지만, 이것에 대한 고찰은 향후로 한다.

L) 자기 강화 빈도 질문지(FSRQ: frequency of self-reinforcement questionnaire)

자기 컨트롤에 있어서의 자기 강화의 빈도를 도모하는 질문지이다 (Heiby, 1982). '자기 자신의 좋은 것에 관해서 별로 생각하지 않았다' 등의 30문항에 대해서, '네', '아니오'의 2점 척도법으로 대답하는 것이다.

M) 귀속 스타일 질문지(ASQ: attribution style questionnaire)

Seligman, Abramson, Semmel & Baeyer(1979)가, 개정 학습성 무기력감 이론이나 절망감 이론에 있어서의 귀속 스타일을 측정하기 위해서 개발한 것이다. 일상생활에 있어서의 적극적인 가상 장면이 6개, 네거티브 가상 장면이 6개가 채택된다. 각각 반은'대인관계 장면', 반은'달성 장면'이다. 예를 들면, 적극적인 달성 장면은 '당신이 몹시 바라고 있는 사회적 지위에 응모했던 일이 잘되었습니다', 네거티브 대인 장면은 '당신이 데이트하러 나갔습니다만, 데이트는 잘되지 않습니다'라고 한 것이다. 이것들 12장면에 관해서, 우선, 그 최대의 원인은 무엇인가를 자유 기술한다. 다음에, 그 원인이 당신 자신에 의한 원인인지, 당신 이외에 다른 원인에 의한 건지(귀속의 내재성의 차원), 장래에 같은 것이 일어났을 때도 원인이 되는지(안정성의 차원), 특정의 장면에만 영향을 줄지 생활 전체에 영향을 줄지(전반성의 차원), 이 사건은 당신에게 있어서 중요한지(중요성의 차원)라고 하는 4개의 질문지에 대해서 7점 척도법으로 대답을 구한다.

4) 질문지의 문제점

　질문지는 우울 인지의 빈도를 측정하기 위한 것이지만, 피험자가, 정말로 빈도에만 근거를 두고 판단하는지는 의문이다. 빈도 외에, 예를 들면, 개인적 중요성(빈도는 높지 않아도, 자신에게 있어서 중요하기 때문에, 그 항목에 ○를 해 버린다), 유사성(같은 인지라고는 할 수 없는데, 비슷하므로 ○를 해 버린다), 관련성(들어맞지 않지만, 관계가 있을 듯하는 문항이므로 ○를 해 버린다) 등에 기초를 두고 판단해 버리는 경우도 있을 것이다. 또 질문지법은, 여러 가지 '반응 바이어스'를 받기 쉽다. 예를 들면, ① 기억에 선택적인 편향이 있는 경우, ② 자신을 사회적으로 바람직한 모습에 보이고 싶으면 ○를 해 버리는 경우, ③ 자신의 행동을 합리화하고자 하는 경우, ④ 대답하는 방법에 일관성이 없는 경우, ⑤ 요구 특성(demand characteristics: 실험자가 무엇을 기대하고 있는지를 피험자가 헤아려 대답해 버리는 바이어스)이 있는 경우 등은, 결과를 왜곡되게 해 버린다.

4. 결   론

사춘기의 우울증에 관한 일본의 역학연구에 의하면, 1995년부터 1999년까지의 5년간에, 대학병원의 정신 신경과로 초진을 받은 17세 이하의 아동·청년기의 증례 111건의 내역에서는, 중증의 우울증성 장애가 41%, 경증 우울증성 장애가 40.5%를 차지하고 있었다고 한다 (傳田, 2002). 그중에 학생의 우울경향이 높다는 것이 지적되어 (上田, 2000), 청년기의 우울 발생의 구조나 요인 등을 검토한 연구를 하고 있다. 사춘기의 우울증에는, 어른에게 볼 수 없는 특유인 증상이 있다. 예를 들면, 미국의 정신의학회에 의한 DSM－Ⅳ－TR (American Psychiatric Association, 2000)에 의하면, 청년기의 우울 기분은, 반항감과 함께, 기분의 침체나 공격적인 행동으로서 나타나거나 두통이나 복통 등 신체 증상을 호소하는 것도 많다고 기술하고 있다. 청년기의 우울은, 반항적이라고 여겨지는 태도나, 이 시기에 유발되기 쉬운 대인 공포나 사춘기 마름증이라고 하는 다른 정신 질환의 그늘에 숨기도 한다. 그 때문에, 등교거부나 히끼고모리의 배경에 있는 우울증의 가능성을 찰지해야 한다(傳田, 2002, 猪子, 2003).

일반적으로, 우울 Coping의 연구는, 크게 두 개의 관점에서 어프로치할 수 있다. 즉 스트레스 풀인 라이프 이벤트에의 대처와 일상생활부터 오는 스트레스에의 대처이다. 스스로 컨트롤을 할 수 없는 스트레스 풀인 라이프 이벤트에서보다, 친구나 부모와의 싸움이라고 하는 대인관계상의 트러블 쪽이, 우울이 되기 쉽다고 한다(Hankin & Abramson, 2001). 우울의 예방을 위해서는, a) Tellenbach(1976)가 말한 것처럼, 인격을 일차적 대상에의 의존으로부터 해방, 독립시키는 시도는, 병전 성격론에서 보면 우울 예방으로서 이상적인 방법이다. 그러나 이 목표에는 많은 어려움이 따르는 것이 예측된다. b) 우울 전 성격을 가지는 사람에게 안정된 환경을 모색해 나가는 것이 우울 예방으로서 실제적인 방법이다. 우울자의 근저에 강한 의존 욕구가 있다고 한다면, 이 의존 욕구를 채워 주는 비호자가 존재하는 것이 그들의 안정으로 연결될 것이다. 그런데 이 비호자는 반드시 무조건적인 의존 대상이 되는 것을 의미하지 않는다. 우울적인 사람에게 있어서 과도의 접근은 한때의 채워지지 않은 의존 욕구에서부터 오는 원한의 감정을 활성화시키게 된다. 왜냐하면, 우울자의 호소나 의존을 비호자는 받아들이는 것같이 보이지만, 실은, 적의나 거절도 전달되어 새로운 고뇌를 우울자에 부과한다고 하는 악순환을 낳게도 되기 때문이다(成田, 2002). c) 우울적인 사람은 사소한 비판이나 중상조차도 참을 수 없어 하기 때문에, 비판이 적은 환경이 중요하다. 비판, 거절은, 그들에게 없어진 대상에의 원한과 분노를 품게 하게 될 것이다. d) Schult(1969)는, 우울을 억제하는 힘에서, 가치나 목적을 추구하는 목적 지향성 긴장에 의의를 두고 있다. 목적 지향성 긴장이 밸런스를 잃어, 그 가치와 목적이 의심스러워졌을 때는, 우울이 생긴다. 가치나 목적이 동일화의 대상이며, 의존 대상의 치환이 되고 있다고 할 가능성이 있다고 하는 점으로부터도 목적 지향성 긴장의 의의는 크다.

제 6 장
청년기의 우울과 정체성 혼란

요 약

　　우울 증상을 낳는 것은, 외계의 네거티브 사건이 아니고, 사물에 대한 부정적 인지에 있다. 이러한 전제를 근거로 해서, 자기개념의 형성 과정에 있는 청년기에는 정체성 혼란에 의해 부정적 자기인지가 강해지고, 부정적 자기인지에 의해서 우울이 발생한다고 가정해서 543명의 한국의 남녀 고교생을 대상으로 질문지 조사를 실시했다. 공분산 구조 분석에 의한 결과로부터, 우울이 청년기에 많이 발생하는 것은, 정체성 확립이라고 하는 청년기의 과제가 해결되지 않는 것에서 기인한다는 것을 알았다. 정체성 혼란이 부정적 자기인지와 긍정적 자기인지에 영향을 끼치고, 최종적으로 부정적 자기인지에 의해 우울이 발생한다. 이 결과로는 정체성 혼란이 우울의 취약 요인이라는 것을 시사한다.

키워드: 우울, 정체성 혼란, 부정적 자기인지, 취약요인, 청년기

1. 문　제

1) 청년기의 우울과 정체성 혼란

　DSM‒IV(American Psychiatric Association, 1994)에 의하면, 우울의 핵심은, 슬픔, 절망감, 기쁨이나 흥미의 감퇴에 있다고 한다. 걱정, 염려, 고뇌, 죄악감, 초조, 자아나 장래에 대한 네거티브 평가에 의한 네거티브 정동의 항진, 및 기쁨, 흥미, 기력의 감퇴 등에 의한 포지티브 정동의 저하는, 우울 특유의 증상 군이다. 즉 우울이란, 네거티브 정동이 항진하는 한편, 포지티브 정동이 저하된 상태이다. 병적인 상태로 나타나는 우울에는 여러 가지 것이 있다. 예를 들면, 통합 실조증(출전으로의 표기는 '정신 분열')에서는 자신을 비난, 공격하는 환청이나 망상이 우울을 발생시키고, 인격 장애자에게는 만성적 공허감이 보이기 때문에, 그것이 우울과 구별되지 않는 경우도 있다(風祭, 2000).

근년에 있어서는, 중증의 우울의 빈도에는 변화가 없는 한편, 경증의 우울이 증가하고 있다(笠原, 1992, 渡辺・光信, 1988). 우울은, 가장 걸리기 쉬운 현대인의 마음의 병(坂本, 1997)으로, 심리적, 사회적 관점에서 큰 관심사가 되고 있다. 본 논문에서는, 우울증이 아니고, 누구라도 짧은 기간이라면 평소 경험하는 경도의 우울 상태(우울 증후군, depressive syndrome)에 초점을 두고, 한국의 고교생을 대상으로 질문지 조사를 실시해서, 우울 발생의 원인을 검증했다.

스트레스 사회에 사는 현대인이라 할지라도 우울에 걸리기 쉬운 사람도 있고, 어려운 사람도 있다. 우울에 걸리기 쉬운 소인을 우울에의 취약요인(vulnerability factor)이라고 부른다. Beck, Rush, Shaw & Emery(1979)는, 유아기의 네거티브 체험 등에 의해서 형성된 우울의 schema가 마음속에 잠재해 있다가, 네거티브 사건을 체험하면 우울 schema가 활성화되어 자신의 의지와는 관계없이 의식에 팝업되어 오는 네거티브 자동 사고에 의해서 우울이 발생한다고, 우울의 schema를 우울에의 취약요인으로 보았다. 그러나 유아기의 네거티브 사건이 없어도 우울이 발생하는 경우도 있고, 유아기에 네거티브 사건을 경험해도 그것을 극복해서 보다 자기가 강해지는 사람도 있다. 네거티브 사건이 유아기 이후의 관계에 반드시 부정적 영향을 준다고는 할 수 없다(岡本, 2002). 즉 유아기 이후의 경험으로 궤도 수정하는 것은 충분히 가능하고, 네거티브 사건에서 부적응으로 연속된다고도 할 수 없다.

정체성 확립은 청년기의 중요한 발달 과제이다. 정체성 혼란이, 청년기의 큰 문제로서 자리매김할 수 있는 것은, 청년기는 유아기 이래 형성되어 온 자아상이 취사선택, 재구성되어 자기 통찰이 가장 높아지는 시기에 해당되기 때문이다. (溝上, 1999, 安藤·船津, 2002). 자아가 약한 청년이 자아 정체성 확립의 갈등에 직면해서, 개인이 가지는 대처 행동으로 발달 과제를 해결할 수 없는 경우에 부적응이 나타난다. 長尾(2002), 즉 정체성 혼란(identity confusion)에서 정신적 부적응 수준에 이른다고 추측된다.

정체성 확립에 실패하면 역할 혼란(role confusion)에 빠져(Erikson, 1959), '자신이 누군지' 모르게 되어, 자신을 추궁하고 '이 세상에 자신의 존재 가치는 아무것도 없다'라고 하는 자기부정을 한다(安藤·船津, 2002). 이렇게 성립된 부정적 자기개념이, 부적응의 내적 원인이 된다(Rogers, 1951). Marcia(1976)는, 반드시 대다수의 청년이 정체성 확립이라고 하는 스테이터스를 달성해, 그것이 성인기까지 그대로 유지된다고는 할 수 없다고 하는 점을 강조하고 있다. 또 반드시 보다 성숙한 달성의 방향으로 이행하는 것은 아니고, 보다 하위의 스테이터스로 변동할 가능성도 있다고 지적했다.

한국 청년의 경우는, 청년기의 발달적 변화 이외에도 급속한 사회 변화에서부터 생기는 가정의 구조적·기능적 변화, 입시 중심의 교육 환경, 유해한 지역사회 환경 등에 의해 정신적 스트레스가 증대하고 있다. 이러한 청년기의 정신 건강의 문제는, 지금 한국 사회의 중요한 과제가 되고 있다(한국 청소년 폭력 예방 재단, 1996, 한국 청소년 학회, 1997). 청년기의 정신적 부적응 중에서 특히 주목받고 있는 것은 우울이다. 한국의 청년기(15－22세)의 우울은 34.5%이며, 이 중에서 임상치료를 필요로 하는 중증의 우울은 14%가 된다(Mun, 1997). 청년기의 정신적 건강 문제에 대한 적극적 대처는 예방이지만(Albee, 1982), 한국에서는 치료가 중심이며, 예방 차원에서의 연구는 거의 행해지지 않았다(한국 문화체육부, 1997). 구미 사회에서는, 예방에 대한 연구가 활발하게 행해지고 있고 실제, 많은 심리학자가 청년기에 볼 수 있는 정신 질환, 비행 등의 여러 가지 문제의 예방이나 정신 건강을 증진하기 위한 다양한 노력을 하고 있다(Botvin & Torfu, 1988). 이것에 비해, 한국에서는 청년기의 우울에 대한 구체적 원인이나 발생 경로는 알려지지 않은 것이 많고, 그 때문에 예방을 위한 효과적 프로그램을 구성하는 것도 어렵다.

현재 한국의 청년기 연구의 동향은, 청년기의 부적응의 원인을 내적 상황으로부터 탐구하는 것보다도, 환경·가정·학교·사회·정치적 환경 등, 외적 상황에서 원인을 찾기에 급급해하고 있다(Ha, Oh & Song, 2003). 그러나 사회 적응과 정체성 확립이 깊은 관계에 있는 것을 고려하면, 청년기의 우울 연구는 외적 상황뿐만이 아니라, 정체성이라고 하는 내적 상황으로부터의 탐색도 필요하다고 생각한다. 왜냐하면, 청년기에 자아정체성을 확립하는 것으로써, 청년은 자신 나름대로의 생각이나 가치관, 인생관, 인생 목표를 세우고, 자기의 주체성, 자립성, 독립성을 확립하는 것으로, 정신적 건강을 유지할 수 있기 때문이다.

우울을 발생시키는 것은 외계의 네거티브 사건이 아니라, 사물에 대한 부정적 인지이다(Beck et al., 1979, Ellis, 1988). Seligman(1975)의 LH(learned helplessness) 이론, 절망감 이론(hopelessness theory of depression)에서도, 부정적인지가 우울에의 취약요인이라고 지적되고 있다(Alloy, Abramson, Metalsky & Harllage, 1988). Beck(1990)는, 우울에는 인지적 변수가 크게 관여하고 있고, 인지를 바꾸는 것에 의해서 우울의 개선을 얻을 수 있다고 논하고 있다. 인지를 변용하는 것으로 우울이 개선된다면, 우선, 인지에 영향을 끼치는 요인에 주목해야 한다.

부정적 감정을 경험할지 긍정적 감정을 경험할지를 결정하는 것은 인식자(self as knower)가 자기를 어떻게 파악하고 있느냐 하는 것에 달려 있다(Buss, 1980). 자기개념이 형성 과정에 있는 청년기에서는, 자기를 부정적으로 파악할지, 긍정적으로 파악할지는 정체성(identity) 이 크게 영향을 끼치고 있다고 생각할 수 있다. 정체성이 혼란한 개 인에게는, 자기개념이나 가치가 혼란되어서 부정적 자기인지가 형성 되는 경우가 많고, 부정적 자기인지와 우울의 사이에는 높은 상관이 있다(Blatt, D'Afflitti & Quinlan, 1976). 즉 정체성 혼란이 부정적 자 기인지를 낳아, 부정적 자기인지가 자유로운 정신 활동을 방해해서 우울이 발생된다고 생각할 수 있다.

2) 본 논문의 목적

본 논문에서는, '부정적 자기인지', '긍정적 자기인지'라고 하는 잠 재 변수를 측정할 수 있는 복수의 척도를 이용해서 이러한 척도에 의해서 잠재 변수가 측정되는지, 또 정체성 혼란이 이러한 인지에 영향을 주고, 나아가 그러한 인지가 우울에 영향을 끼친다고 하는 모델이 지지를 받을지를 공분산 구조 분석에 의해서 검토한다. 이것에 의해 청년기에 있어서의 우울의 예방 연구에 하나의 방향성을 제시하고자 한다. 본 논문에서는, 정체성 혼란에서 우울에 이른다고 하는 단순한 관계의 모델이 아니고, 청년기의 정체성 혼란에 영향을 받아 우울을 촉진하는 '부정적 자기인지(negative self): 자기 거부적 자기 평가'요인과 우울을 억제하는 '긍정적 자기인지(positive self): 자기 수용적 자기 평가'요인을 도입한 모델을 생각했다. 우선, 우울을 촉진시키는 부정적 자기인지를 측정하기 위한 관측변인을 살펴본다.

① 이상 자기와 현실 자기의 차이: Rogers(1959)는, 이상 자기(ideal self)를 개인이 매우 그렇게 되고 싶다고 바라는, 가장 높은 가치를 두고 있는 자기개념이라고 정의하고 있다. 한편, 현실자기(actual self)는, 개인마다 다른 자신의 본연의 자세에 관한 독자적인 인지라고 하는 개별적 성질을 가지는 자기개념을 의미한다. 현실과 이상을 둘러싸고, 현실 자기와 이상자기와의 사이에 생기는 엇갈림이 자기 거부적 자기 평가를 일으켜, 부정적 자기인지가 형성된다고 생각할 수 있다.

② 불합리한 신념: 불합리한 신념은 '~가 아니면 안 된다', '~인 것이 당연하다'라는 것처럼 절대론적으로 사물을 파악해 버리는 인지 스타일이다. 사물에 흑백을 가리지 않으면 기분이 가라앉지 않는 2분법적 사고(absolutistic thinking)는 불합리한 신념을 낳아 우울을 일으킨다(Beck et al., 1979, Ellis, 1988). 즉 사물은 완전한 것과 불완전한 것 어느 한쪽밖에 없다고 생각하는 불합리한 신념이 자기를 거부적으로 파악해 부정적 자기인지를 형성한다고 생각할 수 있다.

③ 네거티브 사건: 청년기에 경험하는 네거티브 사건은, 지금까지 가지고 있던 자기개념이나 가치를 혼란스럽게 하고, 자기를 부정적

으로 파악해서 부정적 자기인지를 형성한다고 생각할 수 있다. 이상을 정리하면, 이상자기와 현실자기의 차이, 불합리한 신념, 네거티브 사건은, 부정적 자기인지를 구성하는 요인이라고 생각할 수 있다. 다음은, 우울을 억제하는 긍정적 자기인지를 측정하기 위한 관측 변인를 살펴본다.

① 사적 자기(private self): 자기의 내면에 주의를 향하면 언제라도 생기는 자기 인식의 양상이다(Buss, 1980). 사적 자기는 자신의 행동의 원인을 생각할 때에 필수 조건이라고 생각할 수 있다. 사적 자기에 의해 자기를 다각적으로 이해하고 적절한 자기 이미지를 구축하는 것으로써, 긍정적 자기인지가 형성된다고 생각할 수 있다.

② 자존심(self-esteem): 자기에 대한 긍정적 감정, 자기를 가치 있는 존재로서 파악하는 감각이며, 자기 능력이나 가치에 대한 평가적인 감정이나 감각이다(Rosenberg, 1965). 자존심이 높은 사람은, 낮은 사람에 비해, 자기 평가가 긍정적이고(Brown, 1993), 자기 기반이 안정되어 있으므로, 긍정적 자기 인지가 형성된다고 생각할 수 있다.

③ 자기효능감(self-efficacy): 어느 문제에 대해서 개인이 어느 정도 할 수 있는지, 어느 상황에 있어 필요한 행동을 어느 정도 효과적으로 수행할 수 있을지에 대한 인지를 가리킨다(Bandura, 1977). 자기 효능감이 높은 사람은, 자기를 좋은 사람이라고 생각하고 미래를 밝게 그려, 자기를 수용적으로 파악하기 때문에, 긍정적 자기인지가 형성된다고 생각할 수 있다.

이상을 정리하면, 사적자기, 자존심, 자기효능감은, 긍정적 자기인지를 구성하는 요인이라고 생각할 수 있다. 선행 연구에서는, 정체성 혼란, 우울, 각각의 변인과의 관계를 종합적으로 살펴본 논문은 없었다. 본 논문에서는 6개의 변인을 긍정적 자기인지, 부정적 자기인지라고 하는 잠재변인을 측정하는 척도로서 사용해서, '정체성 혼란으로부터 긍정적 자기인지와 부정적 자기인지를 매개로 해서 우울에 이른다'라고 하는 모델을 구성했다. 본 논문의 목적은 이 모델이 실제의 데이터에 의해 지지를 받을지를 공분산 구조 분석에 의해 검토하는 것에 있다.

2. 방　법

1) 조사 대상자

　본 논문에서는, 한국 서울에 있는 2개의 사립 고등학교의 남녀 1~2학년, 남자 277명, 여자 266명, 합계 543명을 대상으로 질문지 조사를 실시했다. 평균 연령은 17.4세에 있었다.

2) 조사 시기와 절차

　2002년 7-8월, 수업 중에 담당 교원에 의해서 실시되었다. 본 논문에서는 일본어로 작성된 척도를 한국어로 번역해서 이용했다. 때문에 다시 한국어를 일본어로 고치는 백 트랜슬레이션법을 실시했다. 백 트랜슬레이션 작업에 의해 문화 차이를 극복하는 것에는 한계가 있지만, 번역－역번역의 과정에서 번역된 척도가 원척도에 최대한 가깝게 되도록 신중하게 수차의 재번역을 실시했다. 번역한 한국어와 일본어의 번역의 정확함에 대해서는 일본어를 전공하고 있는 한국의 대학원생 2명에 검토했다. 일본어판 척도를 한국의 고교생을 대상으로 실시할 경우에는, 한국어판 척도의 내용적 타당성이 문제로 여겨진다. 일본어판 척도와 한국어판 척도의 내용이 동일한가에 대해서, 필자와 한국의 심리 측정 전문가가 협력해, 양쪽 모두 척도의 심리적 의미의 동일성을 확인했다.

3) 정체성 혼란과 관련 척도

(1) 정체성 혼란 척도
(ECS: ego developmental crisisstate scale)

본 논문에서는, 長尾(1989)에 의해서 개발된 '청년기의 자아 발달상의 위기 상태 척도'를 청년기의 '정체성 혼란 척도'로서 이용했다. 長尾의 정체성 위기 척도에는, 발달적 위기 내용에 상당하는 A수준과 적응적 위기 내용에 상당하는 B수준으로부터 구성되어 발달과 정신병의 관점에서 검토되고 있다. 본 논문에서는, 일반 고교생을 대상으로 발달 심리학적인 관점을 중심으로 논의를 진행시키기 때문에, A수준만을 사용하기로 했다.

정체성 확립이 중요한 발달 과제가 되는 청년기는, 부모의 자아 영역에서 벗어나, 자신만의 자아 경계를 만들려고 하지만, 자신감이 부족해서, 부모에게 의존할 수밖에 없는 안비바렌트가 되어 있다. 또 부모의 양육 태도에 문제가 있으면, 아이의 자아 독립이 방해받아 독립과 의존의 갈등을 낳아, 그것이 정체성 확립을 방해한다고 생각할 수 있다. 木村(1978)은, 자아 장애의 원인을 어머니로부터의 자아 분리의 좌절에 있다고 지적하고 있다. 이와 같이 부모로부터의 자아 독립의 과정에서 정체성 확립에 문제가 생기는 것이 많다고 생각할 수 있다. 이러한 지적을 고려해, 발달적 위기 내용에 상당하는 A수준 26항목 중에서 청년기에 주된 과제로 여겨지는 '정체성 확산', '부모로부터의 독립과 의존의 안비바렌트'의 2개의 요인에 들어맞는 10항목을 선택했다. 척도는, '나는, 이상의 자신이 많이 있어서, 어떤 것이 정말로 되고 싶은 것인지 전혀 모른다', '부모가 말하는 것을 생각하면, 올바르다고 믿을 수 있는 반면, 의문도 생긴다' 등과 같은 항목으로 구성되어 있다. 평정은, '완전히 그대로이다(5점)'~'전혀 그렇지 않다(1점)'라고 하는 5점 척도법으로 회답을 구해서 순서에 따라 5~1점의 득점을 할당했다. 득점은, 모두 역전 항목의 방향을 가지런히 한 다음, 평균치를 산출했다(이하의 척도도 마찬가지이다).

(2) 우울 척도(CRS: Carroll self rating scale for depression)

Carroll, Feinberg, Smouse, Rawson & Greden(1981)에 의한 척도의 일본어 번안판인 島·鹿野·北村·淺井(1985)의 '우울 자기 평가 척도'를 본 논문은 '우울 척도'로서 이용했다. 우울 기분, 초조함이나 신경질적임, 흥미나 기쁨의 감퇴, 집중력의 저하, 자기 평가의 저하, 불면 경향이나 식욕 감퇴 등을 우울 증상의 항목으로 하고 있다. 본 논문에서는, 우울 척도 52문항 중에서 24문항을 발췌했다. 문항의 추출에 있어서는 심리학을 전공하고 있는 일본의 대학원생 3명과 논의한 결과, 우울증이 아니고, 일반 고교생에게 흔하게 볼 수 있는 경도의 우울 증상 '자신이 시시한 인간이라고 느껴 부끄럽게 생각한다', '바로 지난 일을 생각해 내고서는 끙끙거리며 고심하는 자신이 싫어진다' 등과 같은 24문항을 선택했다. 평정은 '네(2점)', '아니오(1점)'라고 하는 2점 척도법으로 회답을 구했다.

(3) 이상자기와 현실자기의 차이 척도
(discrepancy of ideal self and actual self)

이하, '자기의 차이'라고 생략한다. "당신 '자신이 이렇게 되고 싶다'라고 생각하는, 이상의 자신의 이미지를 떠올려 주세요. 그 이상의 자신은 '어떤 성격인가', '어떤 외관인가', '어떤 능력이 있을지' 등에 대해서, 자유롭게 써 주세요. 쓰기 어려운 사람은, 괄호 속의 사례 중에서 선택해서 기입해도 좋습니다."라고 하는 교시를 주어 10개의 괄호를 마련했다. 다음에, 기술된 이상 문항 각각 어느 정도 들어맞을까에 대해서 '전혀 들어맞지 않는다(7점)'~'매우 들어맞는다(1점)'라고 하는 7점 척도법으로 회답을 구해서 순서에 따라 7~1점의 득점을 할당했다. 종래는 이상자기와 현실자기에 각각 회답하도록 해서, 이상 자기의 평정으로부터 현실자기의 평정을 감산하는 방법이 취해지고 있었다(Bills, Vance & Mclean, 1951). 본 논문에서는 이상자기의 항목을 조사 대상자에게 기술받는 형식이며, 이 경우, 현실자기가 각각 어느 정도 들어맞을지의 지표가 그대로 현실자기와 이상자기의 차이의 지표가 된다. 현실자기가 이상자기에 어느 정도 들어맞을지의 회답의 수치를 득점으로 보았다(水間, 1998). 따라서 현실자기와 이상자기의 차이는, 득점이 높을수록 크고, 낮을수록 적게 된다.

(4) 불합리한 신념 척도
(JIBT-20: Japanese irrational belief Test-20)

이하, '불합리'라고 생략한다. 森·長谷川·石隈·嶋田·坂野(1994)의 '불합리한 신념 측정 척도'를 이용했다. 척도는, Ellis(1988)의 일본어 번안판인 松村(1991)의 JIBT의 단축판이다. JIBT의 단축판은, 자기 기대, 의존, 윤리적 비난, 문제 회피, 무력감이라고 하는 5개의 요인으로 구성되어 있다. 부정적 자기인지를 측정하기 위해서, 불합리한 신념의 5요인 중에서, 합리적인 인지로 바꾸려고 하면 많은 노력을 필요로 하게 되는, 보다 안정적이고, 변화하기 어려운 인지 문항을 발췌한다. 문항은, '의지할 수 있는 친구가 없으면 헤쳐 나갈 수 없다', '항상 지시해 주는 사람이 없으면 안 된다' 등, 8문항으로 구성되어 있다. 평정은, '완전히 그대로이다(5점)'~'전혀 그렇지 않

다(1점)'라고 하는 5점 척도법으로 회답을 구해서 순서에 따라 5~1
점의 득점을 할당했다.

(5) 네거티브 사건 척도(negative event)

이하, '사건'이라고 생략한다. 본 논문에서는, 坂本(1997)의 대학생
용으로 만들어진 53문항의 네거티브 사건의 척도 중에서, '친구와의
관계가 나쁘게 되었다', '공부에 흥미를 잃었다' 등, 일반 고교생의
일상생활에서 경험할 수 있는 대인관계 및 달성 의욕의 네거티브 사
건 15문항을 발췌해 이용했다. 사람은 적극적인 상황보다 네거티브
상황에서 자기에 주목하기 쉽다(Greenberg & Pyszczynski, 1986). 즉
네거티브 사건의 뒤에 자신의 내면에 관심을 향한다면 그 사건에 대
해 부정적 자기인지가 발생한다고 생각할 수 있다. 따라서 이러한
항목에 의해서 부정적 자기 인지의 측정을 할 수 있다. 평정은, '네
(2점)', '아니오(1점)'라고 하는 2점 척도법으로 회답을 구했다.

(6) 사적 자의식 척도(private self-consciousness)

Fenigstein(1975)의 자의식 척도의 일본어번안판인 菅原(1984)의 자
의식 척도를 이용하기로 했다. 菅原의 척도에서는 공적 자의식, 사
적 자의식이 하위 척도가 되고 있다. 사적 자의식은 사고·동기·태
도라고 하는 자기의 내적 측면으로 주의를 향하기 쉬운 경향이다.
자기의 내면에 관심을 향하는 의식이, 정체성 확립의 전제가 되기
(岡田, 1993) 때문에 사적 자의식 11문항을 발췌했다. 평정은, '전혀

들어맞지 않는다(1점)’～‘매우 들어맞는다(7점)’라고 하는 7점 척도법
으로 회답을 구해서 순서에 따라 7～1점의 득점을 할당했다.

(7) 자존심 척도(self－esteem scale)

Rosenberg(1965)에 의해 작성한 자존심 척도의 山本・松井・山成
에 의한 일본어 번안판(1982)인 자존심 척도 10문항을 이용했다. 평정
은, ‘완전히 그대로이다(5점)’～‘전혀 그렇지 않다(1점)’라고 하는 5점
척도법으로 회답을 구해서 순서에 따라 5～1점의 득점을 할당했다.

(8) 자기효능감 척도(self－efficacy scale)

Sherer, Maddux, Mercandante, Prentice－Dunn, Jacobs & Rogers
(1982)의 일본어 번안판인 成田・下仲・河合・佐藤・長田(1995)의
SE척도를 이용했다. 척도는, ‘행동을 일으키려는 의지’, ‘행동을 완료
하려고 노력하는 의지’, ‘역경에 있어서의 인내’ 등의 23항목으로 구
성되어 있다. 평정은, ‘완전히 그대로이다(5점)’～‘전혀 그렇지 않다(1
점)’라고 하는 5점 척도법으로 회답을 구해서 순서에 따라 5～1점의
득점을 할당했다.

3. 결　과

1) 척도의 구성과 척도의 신뢰성

척도의 구성 때, 다음의 순서로 분석을 실시했다. 우선, 척도의 각 항목의 득점과 총득점과의 I-T상관, 및 G-P분석(t검정)을 실시해, 5% 수준으로 의미가 없는 문항을 삭제했다. 다음에, 남은 문항에 대하여 주성분법을 실시해서, 제1요인의 기여율의 크기를 검토한 다음, 제1요인에의 요인 부하량. 40 이상의 문항을 골라냈다. 척도 득점은, 득점이 높을수록 척도명에 나타나고 있는 경향도 강한 것을 의미하고 있다.

① 정체성 혼란 척도
10문항 중 문항분석으로 남은 9문항을 대상으로 주성분법을 실시했다. 제1요인의 기여율이 25.47%인 것을 확인하고, 6문항을 채용했

다. Cronbach의 α계수는 67이었다.

② 우울 척도

24항목 중 문항 분석으로 남은 22문항을 대상으로 주성분법을 실시했다. 제1요인의 기여율이 29.75%인 것을 확인하고, 15항목을 채용했다. α계수는 72이었다.

③ 이상자기와 현실자기의 차이 척도

대답을 자유 기술하도록 요구했기 때문에, 회답 내용은 조사 대상자에 따라서 다르다. 문항이 정해지지 않기 때문에, 문항 분석, 요인 분석, 신뢰성 계수는 산출할 수 없었다. 득점은 10문항 모든 평균치를 산출했다.

④ 불합리한 신념 척도

8문항 중 문항분석으로 남은 7문항을 대상으로 주성분법을 실시했다. 제1요인의 기여율이 30.58%인 것을 확인하고, 7문항을 채택했다. α계수는 .75이었다.

⑤ 네거티브 사건 척도

15문항의 모든 문항이 5% 수준으로 유의미했으므로, 15문항 모두를 채택했다.

15문항을 대상으로 주성분법을 실시했다. 제1요인의 기여율은 28.49%인 것을 확인하고, 5문항을 채택해 척도 득점을 요구했다. α계수는 .67이었다.

⑥ 사적 자의식 척도

10문항 모두 5% 수준으로 유의미했으므로, 10문항을 채택했다.

10문항을 대상으로 주성분법을 실시했다. 제1요인의 기여율이 31.71%인 것을 확인하고, 9문항을 채택해 척도 득점을 구했다. α계수는 .80이었다.

⑦ 자존심 척도 10문항 중 문항 분석으로 남은 5문항을 대상으로 주성분법을 실시했다. 제1요인의 기여율이 33.15%인 것을 확인하고, 5문항 모두 채택했다. α계수는 .71이었다.

⑧ 자기 효능감 척도

23문항 중 문항 분석으로 남은 11문항을 대상으로 주성분법을 실시했다. 제1요인의 기여율이 28.20%인 것을 확인하고, 7문항을 채택해 척도 득점을 요구했다. α계수는 .73이었다. 이상의 8개의 척도의 신뢰성을 검토한 결과, 정체성 혼란, 네거티브 사건의 a계수는 .67이 되어, 높다고는 말할 수 없지만, 그 이외의 척도는 .71~.80의 범위에 들어가 있었다. 각 척도의 내적 정합성은, 집단을 대상으로 한 연구에서 사용하는 데 있어서는 지장이 없다고 할 수 있다(Table 6.1).

2) 각 척도의 성차의 검정

성별에 의한 평균치의 차이를 검토하기 위해서 각 척도의 득점에 대해 t검정을 실시했다. 그 결과, 1% 수준으로 의미가 있는 것은(우울: t(df=541)=3.74, 자기의 차이: t(df=541)=5.08, 불합리: t(df=541)=6.25) (이어)여, 5% 수준으로 의미가 있는 것은(자존심: t(df=541))=2.65, 사적 자기: t(df=541)=2.35)이었다. 우울, 자기의 차이, 사적 자기, 불합리의 평균치는 여성이 남성보다 높고, 자존심의 평균치는 남성이 여성보다 높았다. 자기효능감, 정체성 혼란, 사건에는 성별에 의한 유의차는 볼 수 없었다(Table 6.1).

Table 6.1 각 척도의 성차이와 신뢰계수 (N=543)

	성별	평균치	표준편차	T값 $df=541$	문항수	α계수
우울	男性	1.32	.19	3.74**	15	.72
	女性	1.40	.21			
정체성혼란	男性	2.67	.74	1.83	6	.67
	女性	2.78	.67			
자기의차	男性	3.19	.85	5.08**	10	—
	女性	3.56	.88			—
불합리	男性	3.02	.68	6.25**	7	.75
	女性	3.37	.63			
자기효능감	男性	3.20	.61	0.76	7	.73
	女性	3.16	.60			
사적자기	男性	5.02	.92	2.35*	9	.80
	女性	5.19	.84			

	성별	평균치	표준편차	T값 $df=541$	문항수	α계수
자존심	男性	3.37	.80	2.65*	5	.71
	女性	3.19	.76			
사건	男性	1.45	.20	1.09	5	.67
	女性	1.47	.20			

*$p<.05$, **$p<.01$

3) 정체성 혼란과 각 척도 간의 상관

성별에 의한 평균치의 차이가 인정된 척도가 있었으므로, 정체성 혼란과 각 척도와의 관계에 대해 남녀별로 피아슨의 상관계수를 산출했다. 남녀 모두에 정체성 혼란은 자존심, 자기 효능감, 사적 자기의 사이에 1% 수준으로 유의미한 부의 상관을 나타냈다(남성 / 여성: 자존심: $r=-.55 / -.49$, 자기효능감: $r=-.55 / -.51$, 사적자기: $r=-.32 / -.19$). 정체성 혼란과 자기의 차이, 불합리, 네거티브 사건과의 사이에는 1% 수준으로 유의미한 정의 상관을 볼 수 있었다(남성 / 여성: 자기의 차이: $r=.36 / .42$, 불합리: $r=.35 / .18$, 네거티브 사건: $r=.52 / .44$). 정체성 혼란과 각 척도와의 의미가 있는 정, 부의 상관이 관찰된 것에 의해, 각각 척도의 병존적 타당성이 확인되었다(Table 6.2). 다음은, 정체성 혼란, 우울과 각 변인과의 인과관계를 검토한다.

Table 6.2 남성 · 여성에 있어서 각 척도의 상관

	자기의차	우울	자존심	정체성혼란	자기효능감	불합리	사적자기	사건
자기의차		.29**	-.26**	.36**	-.48**	.17**	-.17**	.21**
우울	.25**		-.44**	.50**	-.35**	.30**	*n.s*	.49**
자존심	-.25**	-.35**		-.55**	.57**	-.41**	.23**	-.45**
정체성혼란	.42**	.50**	-.49**		-.55**	.35**	-.32**	.52**
자기효능감	-.41**	-.28**	.53**	-.51**		-.34**	.31**	-.39**
불합리	-.15*	.21**	-.23**	.18**	-.30**		*n.s*	.36**
사적자기	*n.s*	*n.s*	.24**	-.19**	.37**	*n.s*		-.15*
사건	.31**	.57**	-.32**	.44**	-.24**	.22**	*n.s*	

주. 하단은 여성의 수치, 상단은 남성의 수치
*p<.05
, **p<.01

4) 공분산 구조 분석에 의한 모델의 검토

　본 논문의 목적인 '정체성 혼란이 긍정적 자기인지와 부정적 자기인지를 매개로 해서 우울에 이른다'라고 하는 관계를 검증하기 위해서, Amos 4.02(Arbuckle, 1999)를 이용해 공분산 구조 분석을 실시했다. t검정의 결과, 척도 득점에 성차가 인정된 것이 있었으므로, 남녀의 데이터에 대해서 다모집단 동시 분석을 실시해서 비교한 결과, 남녀에게 공통된 패스가 찾아내졌다. 다음에, 공통의 패스를 꺼

내, 남녀 사이의 파라미터의 차이를 비교한 결과, 모든 파라미터치에 유의차를 인정받지 못했기 때문에, 남녀를 혼합해서 공분산 구조 분석을 실시했다(Figure 6.1).

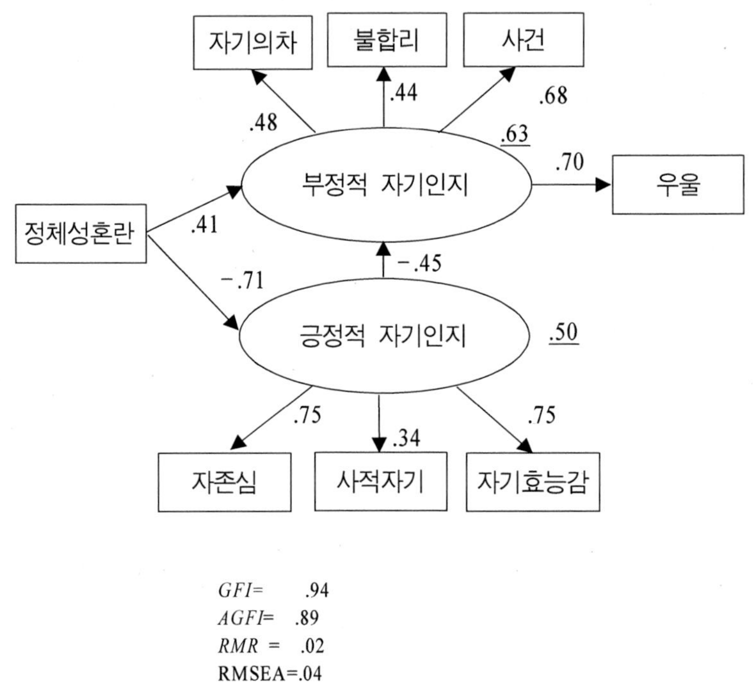

**Figure 6.1 한국의 고교생에 있어서의 우울의
취약요인으로서의 정체성 혼란 모델**

관측 변인인 자기효능감, 사적 자기, 자존심을 '긍정적 자기인지'로, 자기의 차이, 불합리, 사건은 '부정적 자기인지'로 구성했다. 관측변인이 잠재변인을 측정하고 있는지를 검토하기 위해, Amos4. 02를 이용해 확증형 요인 분석을 실시했다. 자기효능감, 사적 자기, 자존심, 자기의 차이, 불합리, 사건은 명확하게 정 / 부로 나누어져 2요인 구조라는 것이 찾아내졌다. 2개의 요인 간의 상관은, r = − .65 (p<.01)으로, 상관이 높은 것에 주목하면 1요인 구조일 가능성을 생각할 수 있었다. 2요인 구조가 1요인 구조보다 타당한가를 검토하기 위해, 적합도 지표(GFI, AGFI, CHI, RMR, RMSEA)를 산출하고, 각각의 수치를 비교해 보았다. 모든 적합도 지표에 관해서, 1요인 구조보다 2요인 구조가 적합도가 높은 결과였다(1요인 / 2요인: GFI: .950 / .959, AGFI: .883 / .893, RMR: .029 / .028, RMSEA: .123 / .116, CFI: .859 / .887). 이것으로 미리 설정한 대로 '긍정적 자기인지', '부정적 자기인지'라고 하는 구성 개념으로 분류할 수 있었다.

다음은, 정체성 혼란이, '긍정적 자기 인지'에서부터 '부정적 자기 인지'를 매개로 해서 우울에 이른다고 하는 모델을 구축해서, 공분산 구조 분석으로 모델의 타당성, 및 각 잠재 변인 간의 인과관계를 검토했다. 모델과 데이터의 적합도 지표는, 본 논문에서는 GFI, 그 수정치인 AGFI, 그리고 RMR, RMSEA, χ^2를 이용한다. 결정계수(R^2)는, 부정적 자기인지가 .63, 긍정적 자기인지가 .50로, 구성한 모델의 계수의 규정력은 높았다. 각 잠재변인라고 관측변인과의 대응 관계를 보면, 잠재변인에서부터 관측변인에의 패스 계수는 .34 ~ .75로 모두 통계적으로 의미가 있었다. 이것에 의해, '부정적 자기인지', '긍정적 자기인지'는 측정되었다고 할 수 있고, 잠재 변인이라고 하는 형태로 나타난 구성 개념은 관측변인과 적절하게 대응하고 있다고 할 수 있다. GFI는 .94, AGFI는 .89, RMR는 .02, RMSEA는 .04, χ^2 검정의 한계 수준은 .77이며, 모델을 기각했을 경우의 위험률은 상당히 높기 때문에, 기각하는 것은 어렵다고 할 수 있다. 따라서 모델 전체의 적합성은 충분한 값을 나타내고 있고, 모델의 설명력도 높다고 할 수 있다.

정체성 혼란에서부터 우울에 이르는 관계를 검토한 결과, 긍정적 자기인지에서부터 우울에의 계수는 통계적으로 유의미하지 않았다. 이 사실을 검증하기 위해서, 정체성 혼란의 효과를 공제하고, 긍정적 자기인지와 우울, 및 부정적 자기인지와 우울과의 관계를 조사해 보았다. 결과, 우울, 긍정적 자기인지, 부정적 자기인지는 정체성 혼란을 공통 요인으로 하고 있지만, 정체성 혼란의 효과를 공제하면 부정적 자기인지와 우울은, 와르드 검정(狩野, 1997)의 값이 C.R.=3.18으로 의미가 있었다. 한편, 긍정적 자기인지와 우울은 C.R.=1.84가 되어, 직접적 관계를 볼 수 없었다. 또 부정적 자기인지와 긍정적 자기인지는 정체성 혼란을 공통 요인으로 하고 있지만, 긍정적 자기인지는 정체성 혼란의 효과를 공제해도 부정적 자기인지에 직접적 효과(C.R.=−8.00)를 가지고 있었다. 이것은, 부정적 자기인지에 대해서 정체성 혼란이 설명할 수 없는 부분을 긍정적 자기인지가 규정하고 있는 것이라고 생각할 수 있다. 즉 정체성 혼란으로부터 우울로 이행하는데 직접적인 매개 요인은 부정적 자기인지이며, 그 부정적 자기 인지를 매개로 해서 간접적으로 우울에 영향을 주는 것이 긍정적 자기인지라고 할 수 있다.

4. 고 찰

건강한 정신 발달과 관계가 있는 정체성 혼란이 정신 병리의 기본으로 되는 것은 많은 연구자(Erikson, 1968, 谷, 1997)들에 의해서 지적되어 왔다. 선행 연구에서는 여러 가지 요인과 우울과의 관련의 연구가 주된 것이며, 정체성 혼란과의 관련된 연구는 별로 행해지지 않았다. 게다가 본 논문에서 채택한 6개의 변인과, 우울, 정체성 혼란과의 관계를 종합적으로 본 논문은 없었다. 본 논문에서는, 한국의 고교생을 대상으로 6개의 변인을 부정적 자기인지와 긍정적 자기인지로서 구성 개념화하고, 정체성 혼란으로부터 우울에 이르기까지의 인과관계를 검토했다. 결과, '정체성 혼란이 긍정적 자기인지와 부정적 자기인지를 매개로 해서 우울에 이른다', 또 '정체성 혼란에서부터 부정적 자기인지를 개입해서 우울에 이른다'라고 하는 인과 모델을 지지하는 결과를 얻을 수 있었다. 이 결과로부터, 자기의 발달상의 정체성 확립이라고 하는 과제가 해결되지 않았던 것에서부터 기인하는 정체성 혼란이, 부정적 자기인지와 긍정적 자기인지에 영향을 끼쳐, 최종적으로 부정적 자기인지에 의해 우울이 발생한다고 하는 결과를 얻을 수 있었다. 즉 우울이 청년기에 많이 발생하는 원인의 배경에는 정체성 혼란이 영향을 주고 있고 정체성 혼란이 우울의 취약요인이라는 것을 알 수 있었다.

본 논문의 결과를 종합하면, 이상자기와 현실자기의 차이가 크고, 불합리한 신념을 가지는 경향이 높고, 네거티브 사건을 많이 경험했다고 인식하는 경우에는, 부정적 자기인지가 형성된다. 반대로, 사적 자의식, 자존심, 자기 효능감이 높은 경우에는 긍정적 자기인지가 형성된다. 정체성 혼란은 부정적 자기인지를 강하게 하고 부정적 자기인지는 우울을 가져온다. 또 정체성 혼란은 긍정적 자기인지를 약하게 하고, 긍정적 자기인지가 약해지면 부정적 자기인지가 강해져 우울을 가져온다.

자기개념이 형성되는 과정에 있는 청년기에서는, 이상자기가 지배적으로 되어, 현실자기가 무시되기조차 한다(北村, 1962). 이상자기와 현실자기의 차이는 커질 가능성이 있다. 그 경우, 그 큰 차이가 자기 평가에 부의 영향을 주어 부정적 자기인지가 형성된다. 또 네거티브 사건도 부정적 자기인지를 가져오는 경우가 있다. 나아가서 사물은 완전한 것과 불완전한 것 중에 어느 한쪽밖에 없다고 하는 극단적인 완전주의 사고, 불합리한 신념은 자기를 부정적으로 파악하기 쉽다. 이러한 요인에 의한 부정적 자기인지는, 정체성이 혼란했을 경우에는 한층 더 강하게 할 수 있고 우울을 초래한다고 생각할 수 있다.

한편, 사적 자기에 의해 자기를 다각적으로 파악할 수 있게 되고, 자존심, 자기 효능감이 높은 경우에는 긍정적 자기인지가 형성되지만 (Brown, 1993), 청년기에 정체성의 과제에 직면해, 정체성이 혼란했을 경우에는, 긍정적 자기인지는 약하게 될 수 있고, 부정적 자기인지가 나타난다. 형성을 억제하지 못하고, 우울에 이른다고 생각할 수 있다. 그러나 청년기에 있어서의 정체성 혼란은, 정체성의 확립으로 향하는 발달 과정에서의 하나의 단계이다. 발달 과정이 진행되어, 정체성 혼란이 약해지면, 긍정적 자기인지는 강해지고, 부정적 자기인지는 약하게 되어져 우울이 억제된다고 생각할 수 있다.

본 논문는, 우울이 높은 사람을 대상으로 한 임상 장면으로의 검증이 아니고, 일반 고교생을 대상으로 우울을 측정한 질문지 조사 연구이다. 일반 고교생의 우울상태를 측정한 양적 연구 결과가, 임상 장면에서의 우울 환자의 경우에도 들어맞는지 아닌지의 검토는, 본 논문의 수비 범위를 넘고 있다. 그러나 비임상군에 대해도 경미한 정신 병리적 증상을 체험하고 있다(Rachman & de Silva, 1978)고 하는 지적을 고려하면, 본 논문에서 '정체성 혼란에서부터 우울에' 이르는 구체적 발생 경로가 밝혀진 것으로 한국에 있어서의 청년기의 우울에 대한 예방 연구에 하나의 방향성이 제시되었다고 할 수 있다. 정체성은 안정적인 것이 아니고, 발달 과제가 달성될 때마다 변화하는 것이기 때문에, 향후 종단적 연구 및 비교 문화 연구로, 본 논문 결과의 타당성을 한층 더 검증해 나가는 것이 앞으로의 과제이다.

본 장의 결과로부터, '정체성 혼란이 긍정적 자기인지로부터 부정적 자기인지를 매개로 해서 우울에 이른다', 또 '정체성 혼란으로부터 부정적 자기인지를 개입해서 우울에 이른다'라고 하는 모델을 지지하는 결과를 얻을 수 있었다. 우울이 청년기에 많이 발생하는 배경에는 정체성 혼란이 영향을 주고 있고 정체성 혼란이 우울의 취약 요인이 되는 것이 시사되었다. 본 논문의 조사 대상자는, 한국의 고교생에 한정되고 있기 때문에 본 논문에서 얻을 수 있던 결과가 다른 나라의 같은 연령의 사람에게 공통으로 적용될지는 확실하지 않다. 3장의 결과는, 한국과 일본에 있어서의 대인 불안의 비교 문화 연구의 경우는, 파라미터 간의 양적 차이는 있다고 해도, 인과 모델의 질적 구조는, 문화차이를 넘어 기본적으로 같은 구조였다(김, 2005). 이 지적을 고려하면, 일본과 같이 한국과 문화적 공통성이 많은 나라에서는, 인과 모델의 질적 구조에 공통성이 있을 가능성도 있기 때문에, 일본에 있어도 정체성 혼란이 우울의 취약요인일 가능성이 추측된다. 한국의 데이터로부터 얻을 수 있던 본 논문의 결과가, 일본에 있어도 들어맞는지 아닌지를, 확인하는 것은 향후의 과제로 한다. 7장에서는, 청년기의 정신적 부적응 중에서 불안·우울과 병발하기 쉬운 강박에 관해서 개관한다.

• 저자 •

김미령   **•약력•**

와세다 석사 연구생
오차노미즈 여자 대학 박사
일본 긴키 대학 강사
요꼬하마 복지대학 시간 강사
고려 대학교 교육학과 연구 교수

•주요논저•

金 美伶 (2005) 韓國と日本の大學生における對人不安と同一性，公的自己意識，相互依存的自己との關係, パーソナリティ研究, 14.42-53

金 美伶 (2007) 韓國高校生における抑うつの脆弱性としての同一性混亂 パーソナリティ研究, 15, 205-216

金 美伶 (2006) 不安の發生と持續及び測定と心理療法 子ども發達敎育研究センター紀要第 3,123-130

金 美伶 (2006) 靑年期の自我同一性に影響を及ぼす重要な他者との關係性 論叢, Vol. 10,320-334

金 美伶 (2007) 抑うつの槪觀及び抑うつ發生の諸理論,抑うつ評價尺度. 子ども發達敎育研究センター紀要4, 95-104

金 美伶 (2006) 靑年期の抑うつ・不安・强迫の素因である同一性混亂と親の養育態度との因　果モデル檢討　パーソナリティ研究，第15回大會　發表論文集, 126-127.

金 美伶 (2008) 靑年期の抑うつ・不安　の原因である同一性混亂日本心理學會　第72回會 發表論文集, 54

이외 다수.

청년기의 정체성 혼란과
우울, 불안, 강박과의 관계 [상]

- 초판 인쇄　　2008년 10월 30일
- 초판 발행　　2008년 10월 30일

- 지 은 이　　김미령
- 펴 낸 이　　채종준
- 펴 낸 곳　　한국학술정보㈜
　　　　　　　경기도 파주시 교하읍 문발리 513-5
　　　　　　　파주출판문화정보산업단지
　　　　　　　전화　031) 908-3181(대표)·팩스　031) 908-3189
　　　　　　　홈페이지　http://www.kstudy.com
　　　　　　　e-mail(출판사업부)　publish@kstudy.com
- 등　　　록　　제일산-115호(2000. 6. 19)
- 가　　　격　　22,000원

ISBN　　978-89-534-2075-5 93180 (Paper Book)
　　　　　978-89-534-3914-6 98180 (e-Book)